遠藤 雅司
音食紀行

食で読むヨーロッパ史2500年

山川出版社

はじめに

　歴史料理研究家の遠藤雅司と申します。世界各国のあらゆる歴史料理を再現し、当時の音楽とともに現代にお届けするプロジェクト「音食紀行」を主宰しています。このたび、『食で読むヨーロッパ史2500年』と題し、膨大なヨーロッパの食の歴史を様々なエピソードと再現レシピで楽しめる本を作りました。

　本書では、紀元前5世紀から現代までのおよそ2500年を全10章に区切り、それぞれの時代を代表する人物などの食のエピソードから、その時代感を身近に感じてもらえるような描き方でヨーロッパ史を概観しています。巻末では歴史上の文献から再現した歴史料理を計25品紹介します。古代から20世紀に至る食文化と歴史料理を、実際に五感（資料を目で読み、調理時の音を聴き、実際の資料や食材を触り、料理の匂いを堪能しながら舌で味わう）をフルに使って、味わい尽くしてもらえたら幸いです。

　本文はモノクロページですが、レシピページはカラーページで巻末に掲載しています。どちらから読んでも、交互に読み返しても楽しめる作りとなっています。

　本文の構成は次の通りです。実はそれぞれの章から表紙イラストに人物が登場しています。

	時代区分	表紙イラスト
1.	紀元前5〜前1世紀：	カエサル
2.	紀元後1〜5世紀：	ネロ
3.	6〜11世紀：	リウトプランドとニケフォロス2世フォーカス
4.	12〜14世紀：	マルコ・ポーロ
5.	15世紀：	コロンブス
6.	16世紀：	シェイクスピア
7.	17世紀：	ルイ14世
8.	18世紀：	マリア・テレジアとマリー・アントワネット
9.	19世紀：	ナポレオンとベートーヴェン
10.	20世紀：	アインシュタイン

各章に世界史の偉人たちが登場し、それぞれの人物が味わっていた料理を取り上げています。また、オリエント世界や新大陸（アメリカ大陸）などからもたらされた、ヨーロッパにそれまでなかった食材や飲み物がどのようにヨーロッパ各地で受け入れられ、普及していくようになったのかもまとめています。事実の羅列だけで飽きないように、様々な歴史上の史実を取り上げて、そこから広がる食の物語を数多く紹介しています。

　そして、本書はレシピ本としても活用でき、現代の家庭で料理の再現をすることができます。料理は計25品。内訳は、肉料理が7品、粥／スープが5品、焼き菓子／デザートが4品、豆・野菜料理が3品、魚料理が3品、パンが1品、ダンプリングが1品、カレーが1品です。著名な人物のエピソードと絡んだ料理もあれば、神話や絵画、そして文学の料理なども登場します。また、モンゴルの影響を受けた料理や、貿易で成長した黄金時代のオランダ料理なども取り上げ、料理から歴史の動きがみえてくるような例も紹介しています。王侯貴族、哲学者、文筆家、科学者、音楽家、画家など様々な立場の人物とその食卓のエピソードを通して、歴史を身近に感じられる一冊にまとめました。

　時代順に読んでもよし。興味のある時代から「つまみ食い」してもよし。巻末レシピで料理を確認してから本文を読むもよしです。どんな物語が待ち受けているか。存分にお楽しみください。

CONTENTS

第 **1** 章

神々と囲む食卓

紀元前 5 〜前 1 世紀

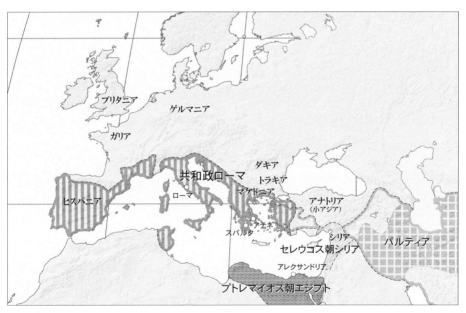

紀元前2世紀頃のヨーロッパ

古代ギリシアの美食文化

　彼が金持ちたちを食事に招いたとき、クサンティッペがご馳走のないことを恥ずかしがっていると、彼はこう言った。「心配することはないさ。心得のある人たちなら、これで我慢してくれるだろうし、つまらない人たちなら、そんな連中のことをわれわれは気にすることはないのだから」と。

　彼はまた、他の人たちは食べるために生きているが、自分は生きるために食べているのだと言った。

（ディオゲネス・ラエルティオス『ギリシア哲学者列伝』上・2巻5章34節より）

　紀元前5世紀のアテナイ（現在のアテネ）に生きた哲学者ソクラテス（前469頃〜前399）。「無知の知」（「不知の自覚」）を唱え、問答法による対話をライフワークとしていました。3世紀前半にディオゲネス・ラエルティオス（3世紀前半）によって書かれた『ギリシア哲学者列伝』には、ソクラテスの食事についての逸話が記されています。

　冒頭の一節にある「彼」とは、ソクラテスのことを指しています。ソクラテスは、人には果たすべき目標があり、食事はあくまでその目標のためにあるのだと考えていることがわかります。

　そして、この言葉は、古代ギリシアには食べることを生きがいにしている食道楽が、一定の割合でいたということを暗に示しているようにも思えます。また、ソクラテスは、欲張りでないことを美徳とし、最もおいしく味わう方法は過度に求めないことだと自分を律していたのです。

　実際のところ、古代ギリシア人は宴席を好んでいました。彼らは、クリネー（食事用のベッド）に横になり、手でつまんで食事をとり、おしゃべ

りを楽しみつつワインを飲みました。ときにはお酒を飲みすぎてハメを外し、暴力沙汰に発展することもありました。

ソクラテスの生きた時代には古代ギリシア各地で食に関わる書物が書かれました。アリストファネス（前450頃～前385）の喜劇やヒポクラテス（前460頃～前370）の医学書、アルケストラトス（生没年不詳、前4世紀半ば頃）の詩からは、肉や魚、野菜などの名前を見いだすことができます。鍋料理やオーブン料理、多種多様なスパイスやソースなど洗練された調理手法が編み出されていたのです。後2世紀に書かれたアテナイオス（生没年不詳、後200年頃）の『食卓の賢人たちΔειπνοσοφισταί』にも、多種多様な豊かな食材や料理法や宴席での逸話が引用され、やはり当時の人びとの食への熱狂ぶりが感じられます。

宴会と美食を好んだ古代ギリシア人たち。「ご馳走への欲望」や「飲物への期待」を求め続けているとソクラテスに形容されたのも大げさではないのかもしれません。彼らはいったいどんな食事をとっていたのでしょうか。まずは当時の社会状況からみていきましょう。

古代ギリシア世界の食材

エーゲ海一帯のペロポネソス半島や小アジア地域などに登場した古代ギリシア世界。この地には前3000年頃から文明があったことがわかっています。前8世紀から前3世紀頃にかけて大小1500ほどの都市国家（ポリス）が各地に建設され、各都市の住民たちは神殿や市壁を築き、その周囲を農地や牧場にして暮らしていました。ギリシア本土で最も領域の大きいポリスが軍事国家として有名なスパルタ（およそ8400km^2）。2番目はソクラテスのいたアテナイ（およそ2500km^2）でした。

この時代の人口の算出は困難ですが、最盛期のアテナイには成人男性市民が5～6万人（前431年）、スパルタの成人男性市民は1万人（前4世紀以前）住んでいたと見積もることが可能です。男性市民の家族や奴隷、在

留外国人を含めたらここからさらに2〜3倍程の人が暮らしていました。

　ギリシアは全体的に山がちで、少雨で土地も肥沃とはいえません。そのため、穀物の栽培には不向きでしたが、その一方でオリーブ、ブドウ、イチジクなどの果物は比較的多めに採れました。収穫物は大都市でオリーブオイルやワインに加工され、輸出の対象となったのです。こうして得た富で、主食となる小麦や大麦類をエジプトや黒海沿岸などから調達していました。

　彼らの主食はパンやお粥です。次いで身近な食材だったのが、魚介類と野菜です。市場の魚屋にはカレイ、スズキ、マグロ、イワシ、ウナギ、ニシン、さらにロブスターや牡蠣、ウニなど新鮮な魚介が並んでいたようです。ほかにも豆類、タマネギ、カブ、レタス、メロン、ブドウ、リンゴなどの野菜や果物も食べられていました。

　肉類は祭儀で生贄に供された獣肉を食べるとき以外は、ほとんど食されていませんでした。家畜の飼育は行われましたが、毛や乳の採取が目的でした。前5世紀頃になると他国との交易や植民が進み、ようやく牛や豚が普段の食卓に登場します。

饗宴の前の腹ごしらえ

　古代ギリシア世界は、それぞれの都市の市民が政治の主役でした。そのため、人々が顔を突き合わせて論ずる機会が政治的に重要とみなされました。とりわけ大切な交流の場となったのが、夕方から始まる会食です。男性だけが参加でき、貴族の館や神殿、あるいは野外でも開かれました。誕生日や結婚祝い、客人の歓迎、国の祭りや体育競技祭での勝利祝いなどが開催の口実になりました。都市ごとに様々な種類・名称の会食があったことが知られています。

　さて、古代ギリシアのこうした会食では、食後に飲酒を伴う会合が催されることがありました。それは主に「饗宴」と呼ばれました。シュンポシ

オンの原義は「一緒に飲む」です。

　古代ギリシアの饗宴にはお決まりの儀式がありました。時代によって作法は異なりましたが、参加者が神々のために花の冠をかぶって、全員でワインを守護霊のためにこぼして捧げるというのが定例だったようです。儀式のあとは、歌や詩を披露するにぎやかな場に一変します。原則的には、ワインが飲まれましたが、原液のまま飲むのは粗野とされ、水で割って飲まれました。チーズや小麦で作ったガレットなどの「おつまみ」が出ることもありました。

　饗宴の前の食事会では、なかなかに豪華な食事が出されていました。主催側だけでなく客も料理を持ち寄ったようです。饗宴は長時間に及びますから、「腹ごしらえはしっかりしよう」ということなのでしょう。ソクラテスは無駄な飲食を忌避していたそうですが、この時ばかりは栄養補給をしたのではないかと思います。

魚喰いの古代ギリシア人

　古代ギリシア人にとっての美食家とは、「牛肉を食べる人」でも、「無花果が好きな人」でもなく、「魚屋に入り浸っている人」だとアテナイオスが著書『食卓の賢人たち』のなかで、ミュルティロス（ギリシア神話の登場人物）の言葉を引用する形で紹介しています。

　実際、前5世紀のソクラテスの時代のアテナイ市民は大の魚好きでした。アテナイの魚屋でのやり取りには、「かますはいくらだ？」「ボラ2匹は？」「スズキはいくらだ？」という活気に満ちたやり取りが残っていますし、カツオ、ウナギ、エイ、アンコウ、アナゴ、コイ、ハゼ、大マグロ、タコ、イカ、サメ、ヒラメなど非常に多くの魚が逸話で取り上げられています。

　例えば、マグロの逸話ではマグロをチーズと蜜とニンニクで和えた料理にまさるものはないという記述にぶつかり、料理を再現したい気持ちになります。上記のマグロの逸話は古代ギリシアの前6世紀ごろのイオニアの

詩人アナニオスが四季の移ろいを旬の食材で味わうのがよいと語る一節に
登場します。さながら、古代ギリシア版『枕草子』のようです。せっかく
なのでここに紹介します。

> 春はにべ最もよろし。冬はアンティアス。
> 世に何よりもうまいのは、無花果の葉に乗せた海老。
> 秋に食らうてうまいのは雌山羊の肉、また
> 葡萄を踏み踏むころ食らう豚。
> それはまた、猟犬に兎に狐の季節。
> 羊のよろしいのは暑い季節、蝉の鳴く頃。
> 夏去れば海の鮪の旬、これまたよろし。
> しかし、チーズと蜜とニンニクで和えた鮪に、まさる魚はたえてなし。
> 脂ののった牛の肉、深夜によろし、昼の間もよろし。
>
> （アテナイオス『食卓の賢人たち』282b-c）

タイムトラベルして、古代ギリシアの旬の食材を当時の料理法で味わい
たいという気持ちが芽生えるほどの文章に感じられます。

キャベツに誓って、あなたを愛す

もう一品、特徴的な料理を紹介します。古代ギリシア人にとってキャベ
ツは野菜というよりは、薬草でした。彼らは経験上、キャベツが頭痛や胃
病、特に二日酔いに効くことを知っていたようです。現代の日本でも、と
んかつの付け合わせになりますし、胃腸薬の名前にもじって用いられてい
ます。キャベツが、時空を超えた胃腸の救世主として人類に重宝されてい
ることは興味深いですね。

また、神聖なものとして、キャベツに対して祈り、お供え物をする人も
いたそうです。「キャベツに誓って、あなたを愛する」と宣言する人もい
たようですから、古代ギリシア人のキャベツ好きここに極まれりといって
いいほどです。

　そんな2000年以上前から健康食品であったキャベツを古代ギリシア人が
どう食べたのか。アテナイオスの『食卓の賢人たち』に記述があります。

> ケルソネソスのチーズをあぶってさ、
> キャベツを煮て油で照りをつけてさ、
> 熱い羊の肉を蒸してさ、

　あるいは、

> つややかなキャベツ──おお神様──でも煮て、
> 豆スープも添えますか

など、煮たキャベツを肉料理の添え物にしたり、スープに入れたりしてお
いしく味わっていました。宴会前にはキャベツに誓って飲みすぎないよう
にしたいですね。
　賢人ソクラテスの食についてのアドバイスを、もう一つ。

> いったい、一どきにたくさんのものを食べ、そして一どきにありとあらゆる美
> 味を口の中へ詰め込んでこしらえる味ほど、高価な料理があり、これほど料理
> をこわしてしまうことはほかにあるだろうか。料理人の合わせた以上に味を混
> 合させることによって、高価な物にする一方、料理人が合わせなかった物を、
> 配合が悪いからと言って混ぜ合わせるから、料理人たちが正しくこしらえてい
> るのに、自分の方でできそこないにして、せっかくの料理人の腕前を台なしに
> する。
>
> 　　　　　　　　　　　　　　　（クセノフォン『ソクラテスの思い出』）

　食欲に溺れるな、と説いたソクラテスですが、これを読むと食べること
が嫌いなわけではないようです。むしろその逆で、料理人の腕前を尊敬し、
味を壊さないように、一品ずつ味わいなさいと言っています。ソクラテス
も食を愛する古代ギリシア人の一人ということなのでしょう。
　古代ギリシア料理を作ったら、ぜひ気の知れた仲間と卓を囲んで、古代
ギリシアの味わいを楽しんでください。食べ終わったら、ソクラテスやア

リストテレスになったつもりで、ワイン片手におしゃべりしてみるのも一興かもしれません。

ポリスの中でも異端なスパルタ人の食と生活

　軍事都市国家であるスパルタ。その兵士は勇猛で知られていました。そんなスパルタの料理にはどういったものがあったでしょうか。プルタルコス（後46〜120頃）の『リュクルゴス伝』によると、兵士たちは幼少の頃から厳しい訓練を受け、衣食住に多くの制限を課した環境のもと成長しました。肉体と同時にハングリー精神も強制的に育てられたのです。現代にもその名を残すこの「スパルタ式教育」は、料理にも及びました。その象徴的な料理が「メラス・ゾーモス」です。

　スパルタ人兵士はこの豚の入った黒スープを主食としていました。主成分は動物の血と肉でした。味については、こんな文章が残っています。

> スパルタ人のところでは料理のうち黒いスープが最も珍重される。年輩の者たちは小さな肉片などは食べず、このスープを注がせて食べる。あるポントス（黒海沿岸地域）の王がこのシチューのために、ラコニア（スパルタ領地）の料理人を雇ったそうだ。やがてスープを味わってみたが、うんざりさせられる味だったそうだ。
>
> （プルタルコス『リュクルゴス伝』）

　やはりおいしくなかったようです。スパルタ人の兵士は、平和なときはこの黒スープを飲まされ、戦争のときは遠征先で味のよい料理にありつけたことでしょう。

　プルタルコス以外のスパルタの食描写について、ほかにもいくつか述べておきましょう。スパルタで活躍した詩人アルクマン（生没年不詳、前7世紀後半）は、ケシ風味のパンに、エンドウ豆のスープ、ブドウ風味の豆粥について言及しています。喜劇詩人アリストファネスはスパルタ近辺のイチジクが小ぶりであると役者に語らせています。黒スープのように忍耐

を求めるものではありませんが、素朴な食文化の姿が垣間見えます。

　スパルタにも宴会がなかったわけではありません。スパルタの宴会の史料も残っています。あるとき、スパルタの将軍パウサニアス（生年不詳〜前470頃）は、ペルシア帝国のパン焼き職人と料理人にペルシア帝国の王クセルクセス1世（在位　前486〜465）が食べている料理を作るように命じ、他方で自分の召使いにはスパルタ式の食事を用意せよと命じました。

　出てきた料理の描写はありませんでしたが、パウサニアスは、「ペルシア人はおろかだ。こんな豊かな食事をしながら、こんなに貧しい食事をしている我々（スパルタ）のところに来たのだから」や「まともな精神の持ち主なら、こんな貧弱な暮らし（料理）を分かち合うぐらいなら、一万回でも死んでやると思うだろう」と述べました。果たしてどんな料理がそれぞれ出たのだろうと好奇心をかき立てられます。よっぽど、ペルシアは贅を尽くした料理で、スパルタは貧相なものだったのでしょう。

物語の料理「キュケオーン」

　「キュケオーン（英語 Kykeon、古代ギリシャ語κυκεών）」は古代ギリシアの神話などに登場する食べ物と飲み物の中間に位置する料理です。というのも、原書からの訳はハッカ入りの大麦湯や粥、もしくは薬といった記述です。構成される食材は主に水、大麦、そしてチーズもしくは香草を加え、それらを混ぜ合わせて作られていました。キュケオーンは「かき混ぜる」という意味をもつ古代ギリシア語のキュカオー（κυκάω）からきているといわれています。そのほかの食材としてワインが加わることがありました。また、神話に由来するエレウシスの秘儀でも、神聖な断食を終える際にキュケオーンが使用されていますし、古代ギリシアの農民のお気に入りの飲み物としても言及されています。そんな物語に登場するキュケオーンを一つ一つ原文で取り上げてみます。

1. ホメロス『イリアス』

二人のために髪の美しいヘカメデが飲物（キュケオン）を用意する。（第11歌624行目）

τοῖσι δὲ τεῦχε <u>κυκειῶ</u> ἐϋπλόκαμος Ἑκαμήδη,

さて女神にも見まごう女は、客のためにこの盃でプラムノスの葡萄酒を用いて飲物を作り、その上に山羊のチーズを青銅のおろしでおろし、白い大麦の粉をふりかけて、<u>飲物</u>を調合し終ると、客にすすめる。（第11歌638〜641行目）

ἐν τῷ ῥά σφι κύκησε γυνὴ ἐϊκυῖα θεῇσιν
οἴνῳ Πραμνείῳ, ἐπὶ δ᾽ αἴγειον κνῆ τυρὸν
κνήστι χαλκείῃ, ἐπὶ δ᾽ ἄλφιτα λευκὰ πάλυνε,
πινέμεναι δ᾽ ἐκέλευσεν, ἐπεί ῥ᾽ ὤπλισσε <u>κυκειῶ</u>.

2. ホメロス『オデュッセイア』

ところで、キルケの恐るべき企みを残さず話してあげますが、彼女はあなたのために<u>キュケオーンという飲物</u>を調合し、それに毒を混ぜるでしょう。（289〜290行目）

πάντα δέ τοι ἐρέω ὀλοφώϊα δήνεα Κίρκης.
τεύξει τοι <u>κυκεῶ</u>, βαλέει δ᾽ ἐν φάρμακα σίτῳ.

それから、わたしに飲ませようと、金の盃で<u>キュケオーン</u>を調合し、心中に悪巧み をめぐらしながら、それに毒を混ぜた。（316〜317行目）

τεῦχε δέ μοι <u>κυκεῶ</u> χρυσέῳ δέπαι, ὄφρα πίοιμι,
ἐν δέ τε φάρμακον ἧκε, κακὰ φρονέουσ᾽ ἐνὶ θυμῷ.

3. 『ホメーロス讃歌』「デーメーテール讃歌（讃歌第2番）」

さてメタネイラが杯に甘い葡萄酒を満たして女神にすすめたが、女神はそれを受けなかった。紅に輝く葡萄酒を飲むのは、許されぬことと言い、

大麦の粉と水にやわらかな薄荷^{はっか}を混ぜた<u>飲み物</u>をくれるようにと請うた。メタネイラは言われたとおりの飲料を作って、女神にさしあげた。（206〜210行目）

τῇ δὲ δέπας Μετάνειρα δίδου μελιηδέος οἴνου

πλήσασ᾽: ἡ δ᾽ ἀνένευσ᾽: οὐ γὰρ θεμιτὸν οἱ ἔφασκε

πίνειν οἶνον ἐρυθρόν: ἄνωγε δ᾽ ἄρ᾽ ἄλφι καὶ ὕδωρ

δοῦναι μίξασαν πιέμεν γλήχωνι τερείνῃ.

ἡ δὲ <u>κυκεῶ</u> τεύξασα θεᾷ πόρεν, ὡς ἐκέλευε:

4．アリストパネス『平和』

ヘルメス

<u>はっかの薬湯</u>を飲んでりゃ大丈夫だ。

だが急いでここにいるこの祭のにぎわいの姫を議会へ連れて行け、

この人の所属はあそこだ。 （712〜714行目）

Ἑρμῆς

οὐκ εἰ γε <u>κυκεῶν᾽</u> ἐπιπίοις βληχωνίαν.

ἀλλ᾽ ὡς τάχιστα τήνδε τὴν Θεωρίαν

ἀπάγαγε τῇ βουλῇ λαβών, ἥσπερ ποτ᾽ ἦν.

5．プラトン『国家』

ほかでもない、傷を受ける前に健康で秩序ある生き方をしていた人間なら、たとえそのときにすぐに〔ひき割り大麦とチーズをプラムノス酒に混ぜた〕強い飲み物を飲むようなことをしたとしても、自分が施した薬だけでけっこう治まってしまうものだ、という考えからだ。（第3巻408a-b）

κοσμίους ἐν διαίτῃ, κἂν εἰ τύχοιεν ἐν τῷ παραχρῆμα <u>κυκεῶνα</u>

πιόντες, νοσώδη δὲ φύσει τε καὶ ἀκόλαστον οὔτε αὑτοῖς οὔτε τοῖς

ἄλλοις ᾤοντο λυσιτελεῖν ζῆν, οὐδ᾽ ἐπὶ τούτοις τὴν τέχνην δεῖν εἶναι, οὐδὲ θεραπευτέον αὐτούς, οὐδ᾽ εἰ Μίδου πλουσιώτεροι εἶεν.

　様々なキュケオーンがあることがわかります。ただ、5のプラトン『国家』で紹介したキュケオーンはホメロス『イリアス』からの引用です。今回、ホメロス版とデメテル版の2種類で作ってみましょう。ホメロス版のキュケオーンは、ワインにすりおろしたシェーブルチーズ（山羊乳のチーズ）と大麦粉を加えています。その前の節で、新鮮なハチミツも四脚机に載せていることもわかっています。それらの食材をキュカオー（混ぜ合わせ）しましょう。原文を基にして、よりおいしく味わえるように、レシピを工夫しましたのでご覧ください（レシピ226ページ参照）。

　デメテル版のキュケオーンは、ワインを飲むことは許されず、大麦の粉と水にハッカを混ぜた飲み物として登場します。ハッカは今回ミントを使い、大麦粉と水に混ぜ合わせたものとします。こちらを作ったら、ご自身で飲むのではなくデメテルに捧げましょう。

アレクサンドロスとヘレニズム

　紀元前4世紀の古代ギリシア世界にのちに大王（メガス）と呼ばれる者が現れました。マケドニア王国のアレクサンドロス3世（前356〜前323）です。アレクサンドロスの話をする前にマケドニアについて説明します。マケドニア人は前7世紀半ばにギリシア北部の山岳地で牧畜を営んでいました。古代ギリシアの文献資料によると、アレクサンドロス1世（在位 前498〜前454年）の治世において、それまで独自の社会を形成していたマケドニアは、南部のギリシア世界への参入を図りました。その際、ギリシア人だけの祭典であるオリュンピア祭へ出場し、ギリシア神話の英雄ヘラクレスを自国の王家の祖だとする建国伝説を広めたりしました。

　その後、王アルケラオス（在位 前413頃〜前399）の治世では、アテナイの悲劇詩人エウリピデス（前485頃〜前406頃）をはじめとするギリシア

の高名な知識人や芸術家を数多く宮廷に招き、マケドニア人に王族や貴族として必須の教養を身につけました。アレクサンドロス3世がエウリピデスの悲劇を自在に暗唱できたのも、このような王国の文化教育の積み重ねによるところが大きいのです。

　アレクサンドロスの父親フィリッポス2世（在位 前359〜336）は軍隊の大々的な拡充、財政基盤の整理、耕地の開拓と農民の育成という功績を残しました。アレクサンドロス3世にとって、父フィリッポス2世は模範とすべき人物であり、その成果の影響を受けました。彼が16歳にして自らの名前を冠した都市「アレクサンドロポリス」を建てたのは、かつて「フィリポポリス」を建設したフィリッポス2世の模倣です。

　フィリッポス2世が暗殺されたのち、王についたアレクサンドロスは父の遺産ともいうべき東方遠征の計画と天下無比のマケドニア軍を従えてアナトリアに侵攻していきます。アケメネス朝ペルシアのダレイオス3世（在位 前336〜前330）に打ち勝ち、エルサレムを抜けてエジプトに向かい、そこでアレクサンドリアを築いてからバビロンに向かいました。

　当時のペルシアとアレクサンドロス3世の逸話をここに紹介します。アレクサンドロス3世はペルシアの宮廷で柱に刻まれたペルシア王の豪勢な朝食ならびに夕食の食材の記録を目にしました。精製された莫大（ばくだい）な小麦粉、大麦粉、数百頭の雄牛、数百羽のガチョウ、キジバト、牛乳、ニンニク、タマネギ、リンゴ果汁、キュケオーン、ブドウ、塩、セロリの種、ごま油、アーモンド、ワインなど。これらは一例にすぎません。アレクサンドロス3世の家臣のマケドニア兵士はこれらを読み、豪勢な食事に羨（うらや）ましがるやら驚嘆の声をあげるやらでしたが、アレクサンドロス3世だけは違いました。これだけの食材を集めることは正気の沙汰（さた）ではなく、王として益（えき）するものは何もないと一蹴します。

　実際のところ、アレクサンドロスは王として己を厳しく律することが王の務めであり、食事どきもそれが適用されるととらえる人物です。おいしく朝食をとるために夜間の行軍を行ない、おいしく夕食をとるために簡素

な朝食を心がけていました。アレクサンドロス3世の一日は次の通りです。起床し、神々に供犠を奉げ、座った姿勢で朝食をとりました。昼は狐や鳥などの狩猟と読書、もしくは陣列配置などの戦いのための訓練に時間を注ぎました。宿営地に到着すると、パン職人や料理番の担当に夕食の用意に滞りはないか尋ねて回り、夕食は暗くなってから寝椅子に横たわってとりはじめました。ここでも卓上を見渡して列席者の料理の分配に不公平はないか、手抜かりが何かないかと細心の注意を払うほどです。そんなアレクサンドロスですから、ペルシアの常軌を逸した豪華絢爛な料理の数々は受け入れられないという彼の気持ちが理解できるでしょう。

酒とアレクサンドロス、そして当時の飲み方

　アレクサンドロス3世の逸話に登場するのがお酒です。プルタルコス（後46頃～120頃）、アイリアノス（後175頃～235頃）、アリアノス（生没年不詳、2世紀）らの著作にまとめられています。端的にいうと、次の通りです。飲酒して自慢話をする。深酒をして二日酔いとなる。側近たちとの付き合いで長時間の酒宴をするなどです。

　アレクサンドロス大王のみならず、古代マケドニア人は古代ギリシア人から蛮族と見なされていました。その要因の一つが酒の飲み方です。古代ギリシア人はワインを水で割って飲んでいました。一方、古代マケドニア

人は水で割らずに、ワインを生で飲んでいました。この酒の割り方に古代ギリシア人はこだわりを持っていたようです。酒と水半々というケースもあれば、酒1に水3、はたまた酒2に水5などといった具合に、そこに並々ならぬこだわり、言うなれば風流を感じさせるものがあったようです。そんな世界の中で、酒を割らずに飲むなんて古代マケドニア人はなんて野蛮なんだ！古代ギリ

シア人の呆れた声が聞こえてきそうです。

　アレクサンドロス３世もご多分に漏れず、マケドニア宮廷の風習を受け継ぎました。そう、彼もまたお酒を割らずにそのまま飲んだのです。一旦飲みはじめれば、酔いつぶれることも珍しくなかったといわれています。また、側近たちとのコミュニケーションを取るのに酒宴はよい潤滑油だと考えていたようで、長時間の宴席もしっかり開きました。

　しかし、作戦行動に移った時のアレクサンドロス３世は、他の一切を投げすてて目の前の課題に集中したといわれています。この切り替えの早さがアレクサンドロスの大王たるゆえんであり、大王の面目躍如といえそうです。

東方遠征の結果による「アレクサンドロス交換」

　アレクサンドロス大王の遠征は、料理についての新しい考えを広めるはずみになりました。新たな食材が東から西へ、西から東へともたらされ、東西の食の交流からギリシア、マケドニア、ペルシアの食材や料理法が出会うこととなりました。東から西へもたらされたものの一つには、例えばインドで家畜化された雌鶏（めんどり）が挙げられます。古代ヨーロッパでは、鶏はまだ珍しいもので、高級品として夕食や饗宴の目玉として扱われるようになります。

　また東方遠征により、米もヨーロッパ世界に知られるようになりました。実際のところ、米はギリシア語ではすでにオリュゾン（ὄρυζον）という名前がありましたが、テオフラストス（前371〜前287）の『植物誌』に言及される程度で、ほとんどのギリシア人にはまだ馴染みのないものだったのです。

　米は最終的にラテン語の「オリューザ　oryza」という名前で、ヨーロッパ世界に定着していきますが、一般的になるまでには長い時間がかかりました。ヘレニズムを経て、帝政ローマの富裕層にとっては、米は主食としてではなく薬用として珍重されていました。こうした変化も、東方遠征

によって食文化が混ざり合った結果の一つといえるかもしれません。

その一方、鶏や米が西方世界へ向かっている間に、ブドウの木は東方世界に向かっていきました。ギリシアやレヴァント（小アジアやシリアの地中海沿岸）で何世紀にもわたって親しまれてきたブドウとワインは、インドの東側まで到達したとされます。

オリエント世界へはギリシア文化が浸透し、ギリシアの味覚を求める人々も現れたことでしょう。その結果、ギリシアで知られていた野菜や果物などが移植され、オリエントの地では、目新しい品種や栽培方法の改良が行われました。例えばエジプトでは、カブ、ビーツ、アスパラガスや梨などが育つようになりました。

そして、ヘレニズムの恩恵を最も受けたのは"蛮族"と言われたマケドニアの宮廷やそれに連なる人々だったといっても過言ではないでしょう。ギリシアの洗練された宴とペルシアの豪華絢爛な宴とが流入し、その当時の最先端の流行に触れたのです。

神々の食卓と歴史的なアレクサンドロスの記述

古代ギリシア語やペルシア語以外で記された点で貴重な、アレクサンドロス３世の動向がわかる興味深い資料があります。それが、『バビロン天文日誌』です。アッカド語楔形文字によって粘土板に書かれた資料で、現在1500枚程度の粘土板が残存しています。古代メソポタミア文明は、アレクサンドロス３世の東方遠征で文明としての終焉を迎えました。しかし、前４世紀でもこれまで同様にメソポタミアの神々へ捧げる儀式は行なわれていました。これには、アケメネス朝ペルシアのキュロス２世（前600〜529）やアレクサンドロス３世が被征服諸民族に対して寛大で、旧バビロニアの統治機構をそのまま利用して統治を進めたことで、神々への儀式が断絶されることなく古代メソポタミア世界で継続して行われることとなったのです。

[.. .. ..] U4 14.KAM ^{lú}Ia-ma-na-a-a MU-tim GU₄ [.. .. ..]

[.. TI] (blank) LUGÚD.DA^{meš uzu}ME.ḪÉ^{me}[^š .. ..]

[U4 ..-KAM m] A-lek-sa-an-dar-ri-is LUGAL ŠÚ ana E^{ki} K[U₄.. .. ..]

…14日、これらのヤマナ人〔ギリシア人〕が雄牛、…

短い肋、脂肪をささげた。

…日、アレクサンドロス、世界の王がバビロンに入った。…

(『バビロン天文日誌』BM36761, 9-11行 (前331年9月8日—11月6日) 三津間康幸訳)

　バビロンに連れられてきた古代ギリシア人が、アレクサンドロスのバビロン入城の前に神に生贄を捧げている描写です。古代メソポタミアでは何といっても、肉料理は羊と牛でした。また、「直火で焼く」ことをアッカド語でカバーブ（kabābu）といいます。アラビア語のkabab/kebabの語源です。トルコ料理にあるケバブは肉類を焼いて調理した料理の総称ですから、古代メソポタミア発祥といってよいでしょう。ガウチャー大学楔形文字碑文Vol.2（GOUCHER COLLEGE CUNEIFORM INSCRIPTIONS. Vol. II.）の406番（GCCI 2,406）に　は、「ḫu-uṣ-ṣa : še-mu-ú šá ka-ba-bu（フッサという単語の意味の一つに、直接火にかけて炙るという意味があります。）」という文にカバーブ（kabābu）が登場します。

　資料の脂肪（^{uzu}ME.ḪÉ^{me}[^š）は、より厳密には脂身です。この資料を参考に神々に捧げられた牛の丸焼きを作りましょう。（レシピ228ページ参照）バーベキューでやるように鉄串で刺して、網の上で火にかけるか、串刺し回転装置を使って回転させながら火にかけて、おいしく焼き上げます。ここは、バビロン。肉の焼き加減は、古代メソポタミア流に中まで火を通して食べましょう。火が通ったらソースを作ります。イェール大学のバビロニア・コレクションには「強火でもも肉を焼き…（中略）…焼きあがったら、肉にニンニク、青物、酢を擦りこむ」（「（YBC）8958、イェール・オリエンタル・シリーズ（YOS）バビロニア語・テクスト11,26」より）というレシピが存在します。

　用意していたすりおろしニンニクと赤ワインビネガーのソースを作り、

古代「ヤマナ人」に成り代わり神々に供物を捧げましょう。

粥喰いの未開人
（古代ローマ人）

　前8世紀頃、ロムルスとレムスという双子の兄弟によってローマは建設されたと伝えられています。この建国神話では、生まれてすぐに彼らは捨てられ川の畔（ほとり）にすむ雌狼に育てられたということが記されています。

　その後、ロムルスがレムスを倒し、ローマの都が建設されました。ローマは7つの丘があり、天然の港もありました。河口部には塩が堆積（たいせき）し、貴重な交易品となりました。

　さて、古代ローマにはこんなエピソードが残っています。

健康に良いのかどうかはともあれ、蕪（かぶ）には多くの愛好者がいて、クラウディウス帝もそのひとりであった。帝が死んだとき、彼を神格化することが告げられた。ローマ建国の父であるロムルスと天国で一緒に蕪を食べることができる者たらしめるためであった。

（セネカ『アポコロキュントシス』）

　ローマ帝国の第4代皇帝クラウディウス（前10―後54）の例も挙がっているほど、カブ好きなローマ人は建国の父ロムルスからの伝統でした。

共和政ローマの吸収力

　王政ローマの頃は小さな都市でしたが、しだいに領土を拡大させ、地中海世界に多くの属州、すなわち現代風にいえば植民地をもつ、世界史上有数の一大帝国に成長しました。前3世紀、この頃のローマ人は「粥喰いの未開人」（かゆぐい）と他国から馬鹿にされていました。当時のローマはソラ豆入りの

麦粥、オリーブオイルをかけた野菜サラダなどを食べていました。古代メソポタミアや古代ギリシアと比べると、やや質素だったのは事実のようです。

しかし、共和政ローマは強国でした。周辺国を次々と属州にし、他国の食文化をスポンジのように吸収します。特に影響が大きかったのはエトルリアの制圧と同質化、そして前146年にはギリシア本土を征服します。ブドウの栽培技術、パンの焼き窯、ワインを飲む習慣や、食後の酒会である饗宴の文化を取り入れます。

国が豊かになったことで交易も盛んになり、食材も多様になりました。貴族の食卓には豚、猪、子羊、ヤマウズラ、キジバト、ホロホロチョウ、ミミズク、マグロ、ボラ、チョウザメ、キャベツ、アスパラガス、カブ、レタスなどが上がりました。

主食としてのパンの定着

焼き窯の流入によって、主食としてのパンが定着します。前２世紀頃にパンの製造が始まりました。前１世紀には街にパン屋が出現したといわれています。ローマにとって、パン作りはいわば政策の一つでした。権力者は、パン職人の養成施設や特許の組合組織をつくり、生産と供給を厳重にコントロールしていました。前30年には329カ所の製パン所があったといわれています。パンの種類も豊富で、ベーコン入りパンやドーナツ型パンなど現代の菓子パンを思わせるような様々なパンが作られました。

この帝国の基礎をつくったのが、ガイウス・ユリウス・カエサル（前100〜前44）でした。当時は「内乱の一世紀」といわれる混乱の時代でしたが、カエサルは類まれなカリスマ性を発揮して、最高位の官職にまで上り詰めます。２度の遠征も成功させ、いよいよ皇帝になろうというタイミングで、あえなく暗殺されてしまいます。結局初代皇帝についたのは、カエサルの養子だったオクタウィアヌスでした。

ゲルマニアで花開いたアスパラガス

前58年、カエサルがローマ軍を引き連れてガリアに侵攻します。その後、ガリアはローマの属州となり、ライン川をゲルマニアとの国境線とし、ローマ軍はいくつかの拠点を作り駐屯しました。

カエサルは辺境の地に駐屯するローマ兵士のため、様々な食材を現地に根付かせました。例えば、ブリタニアに駐屯するローマ兵にはブドウやクルミ、イチジク、オリーブ、コリアンダーなどを移植させました。気候にあった農作物は現地の環境に適合し、育つようになりました。カエサルによるローマの食文化拡充政策の恩恵は、ローマ兵のみならず各地の同盟関係を結んだ諸国も享受したそうです。ブリタニアのイケニ族の女王、ブーディカもそのような例の一人でした。

ゲルマニアはカエサルの次のアウグストゥス帝の時代に一時的にローマに支配された時期をのぞいて一貫してローマ帝国からの独立を保ちましたが、ローマの食文化は取り入れました。現地に根付いた野菜にアスパラガスがあります。もともと南ヨーロッパが原産国地でその歴史は前2000年ごろにはじまるといわれています。野生のものに混ざって帝政ローマ時代には既にアスパラガスが栽培され、緑や白のものも一般に普及していました。

味音痴か？カエサルに捧げるアスパラガス料理

皇帝の一歩手前まで上り詰めたカエサルです。政治においても戦争においても才能にあふれていましたが、宴の席でも人気を集めました。下戸ではありましたが、あいさつや会話が丁寧で愛嬌もあり、常に盛り上げ役に徹しました。気前もよかったので、貴族だけでなく平民からも人気がありました。

ただし食事については意外なことに、無頓着で味音痴だったといわれています。こんなカエサルの逸話が残っています。ある人物の宴席に招かれ

たときのこと。客全員にアスパラガスが出されました。ところがヘンな香りと味が付いています。実は、そこの主人が「オリーブオイルより高価だから」と化粧用の香油で味付けをした料理でした。当然、客人たちは食べるのに苦労し、なかには文句を言う人も出てきます。ところがカエサルだけは何も言わず平気な顔でパクパクと食べたそうです。

　さらに友人たちが不満を漏らしているのを見るや、「気に入らないなら食べなければいい」とたしなめたのです。

　大人物らしい豪快なエピソードですが、カエサル流の人心掌握術のようにも思えます。アスパラガスを出してくれた主人に恥をかかせないために、やせ我慢して食べていたのではないでしょうか。本当に味音痴だった可能性もありますが、いずれにしてもスケールの大きさを感じさせてくれるお話です。

　食用ではない香油であったにもかかわらず、主人の面目が潰れないように気づかいをみせたカエサルに古代ローマのおいしいアスパラガス料理を捧げたいです。前1世紀の美食家マルクス・ガビウス・アピキウス（1世紀頃）の名を冠した『アピキウスの料理帖 De re coquinaria』にいくつかのアスパラガスを使った料理が載っています。そのなかの一つがアスパラガスのパティナです。パティナとは平鍋の意味で、この平鍋は陶器または青銅でできた耐火性のものだそうです。そしてこの平鍋には卵が使われたのが特徴です。

　　もう1つのアスパラガスのパティナ：アスパラガスの穂先を乳鉢に入れ、胡椒、ロバージュ、グリーンコリアンダー、セイボリー、玉ねぎを砕き、砕いたものをワイン、スープ、油で薄める。これをフライパンに入れ、お好みで火にかけながら溶き卵を加えてとろみをつけ、卵を沸騰させないように調理し、極細の胡椒を振りかける。

　　　　　　　　　　　　　　　　　（『アピキウスの料理帖』4.2.6）

　古代ローマの卵とじです。スペイン風オムレツを想起させますが、溶いた卵は最後に流し込むだけで全体に混ぜ合わせないのが特徴です（レシピ230ページ参照）。気遣いのカエサルも、この料理なら心から楽しんでもら

えることでしょう。

古代ギリシアからヘレニズムを経て、ローマが飲み込んだ食世界

　改めて、この章でみてきた料理や食材を振り返りましょう。

　古代ギリシアでは"ガストロノミー（美食学）"の萌芽ともいうべき書物が著され、鍋料理やオーブン料理、多種多様なスパイスやソースなど洗練された調理手法が編み出されました。主食はパンや粥、次いで身近な食材で魚介類と野菜を味わっていました。特に、古代ギリシア人は魚が大好物で、魚喰いのギリシア人と異名をもつほどです。

　そんな古代ギリシア世界、ヨーロッパの源流の一つと捉えられるこの地では劇的な食の流入が行なわれました。まさに「コロンブス交換」ならぬ「アレクサンドロス交換」でした。アレクサンドロス３世の東方遠征の影響により加速しました。

　東方世界（オリエント）で生育された鶏や米が西方世界へ入り、一方ブドウの木は東方世界に向かい、ブドウとワインは、最終的にインドの東側まで到達することになりました。ヨーロッパでは、鶏肉やお米が旧来からの料理に加わり、ローマ帝国の料理書にそれらの食材を用いた料理が登場します。

　一方で、ローマ建国の父、戦士ロムルスが日常食べた料理は豆類、野菜に穀物でした。そんな土壌を持った王政ローマの人々を他国の人々は粥喰いの未開人と揶揄していました。食文化水準の低かったローマでしたが、共和政期には、軍事力を伸ばし、食文化を含めて周辺の国々を吸収していきます。それに大きな影響を与えたのはエトルリアやギリシア諸ポリスで、それらを版図に加えたことで、ブドウの栽培技術、パンの焼き窯、ワインを飲む習慣や、食後の酒会である饗宴の文化を取り入れるに至りました。

　粥喰いの未開人といわれた質実剛健のローマがどのように豪華絢爛な食の世界を作っていくのか、次章でみていくことにしましょう。

第 **2** 章
すべてを飲み込む
ローマの食卓
1〜5世紀

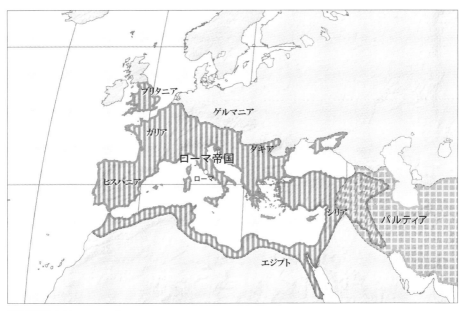

2世紀頃のヨーロッパ

帝政ローマの食卓

　　彼らのわがままな食道のために、あらゆる有名食材が、いたるところから集められます。ですが、さいはての海から食材が運ばれてきても、彼らの胃袋は美食によって弱められ、食べ物をほとんど受けつけません。だから彼らは、食べるために嘔吐（おうと）し、嘔吐するために食べます。彼らは、全世界から探し集められたごちそうを、消化すらしてくださらないわけです。

（セネカ『母ヘルウィアへのなぐさめ』一〇・三より）

　古代ローマも前1世紀に入ると、帝政の時代に入ります。のちにアウグストゥス（尊厳者）の称号で呼ばれることになるオクタウィアヌス（前63〜後14）が、志半ばにして倒れた養父カエサルのあとを継いで内乱を勝ち抜きました。その勢いで地中海世界を統一して帝政を開始します。

　そして後37年、元老院・ローマ市民・兵士たちなどすべてのローマ人に祝福された最初で最後の皇帝が誕生します。それが第3代皇帝カリグラ（12〜41）です。カリグラは父ゲルマニクスの任地に同行し、辺境の防衛に従事する軍の基地で育ちました。ライン川沿岸の軍団基地で幼少期を過ごしたこの新皇帝は、兵士たちが作ってくれた幼児用カリガ（ローマの軍靴）を履いて遊んでいました。そのため、カリグラ（小さな軍靴（ぐんか））という愛称で兵士たちは彼のことを呼んでいました。

　この24歳7か月の若き皇帝の治世の始まりは、非常に理想的な環境でした。ローマに外敵の侵攻や内乱はなく、財政の問題もなく余裕がありました。パクス・ロマーナという「ローマの平和」を表す言葉は、アウグストゥスが帝政をスタートした紀元前27年から、五賢帝時代の終わりごろの

180年までの期間を指しています。この期間で最も平和を享受できた時期の一つは、もしかしたらカリグラ帝の帝政開始時だったのかもしれません。

　カリグラへの期待の大きさを示すエピソードがあります。帝国統治の承認のために元老院を訪問したカリグラは、様々な権利を授与されます。「第一人者」という最高支配者の肩書、「皇帝（インペラトール）」というローマ全軍事力の指揮権の付与、「護民官特権」という政事上の権力（元老院の決定拒否権付き）そして「国家の父」という尊称—カエサルが55歳にして、アウグストゥスにいたっては61歳でようやく贈られた—が、皇帝就任わずか5か月後のカリグラの25歳の誕生日に贈られました。率直にいってやりすぎです。このような大盤振る舞いは、彼が初代皇帝アウグストゥスの血筋を父系からも母系からもひいていたこと、前代のティベリウスによる堅実なものの退屈な統治からの刷新をローマ市民が期待していたこと、元老院にとっても若き皇帝はコントロールしやすいとの思惑があったことなどの理由が挙げられます。

皇帝カリグラ

　カリグラが皇帝になってから、ローマは毎日が祝祭でした。カリグラ就任を祝して3か月で16万頭もの家畜を生贄にし、連日戦車競走か体育競技会か演劇が行なわれているという日々でした。こうした常軌を逸した盛り上がりに応えようとするのが皇帝の役目です。

　しかし、カリグラは未熟でした。場当たり的に市民の機嫌をとるような方策ばかりとります。まずはこれまで徴収していた売上税（現代の消費税）の全廃、下層市民と兵士への特別賞与（いまのボーナスに相当）の分配実施、剣闘士試合と戦車競技の解禁です。税を減らし（一部なくし）、ボーナスを支払い、市民への娯楽を提供するという政策は市民からは喝采を浴びます。その魂胆は、市民から見放されたくない、自分が気持ちよくありたいという腹づもりからです。しかしながら、そのような財源を確保する

2 すべてを飲み込むローマの食卓

031

代替案はありませんでした。誰の目にも明らかなくらいローマ国家の家計は火の車で、財政破綻（ざいせいはたん）が目前でした。いつの時代にも国の首長には国を健全な方向で成長させていく役割が求められます。市民からの喝采を受けたとしても、財政破綻となったらおしまいです。

　水道建設などのインフラ整備を行ない、市民からの非難を浴びないように動いてきたカリグラですが、果たして財政は破綻します。売上税はとれないので、代わりの税徴収である燃料税を課しました。料理には火はつきものですから、すべての市民が火を使います。燃料への課税には市民から抗議の声があがりました。

　そして、3年10か月と6日という短い治世でカリグラは殺害され、この世を去ります。それはロムルス以来のローマを体現する統治者にしてはあっけない幕切れで、あんなに熱狂的に持ち上げられたのとは対照的に寂しい末路（まつろ）となりました。

肉とカリグラ

　カリグラにとって、動物と生贄にはいろいろと因縁深いものがありました。先述のようにして皇帝就任時には16万頭以上の家畜の生贄が捧げられました。カリグラが神に奉納する動物を神殿にもたらしたとき、動物の内部に肝臓が見当たらず凶兆となったこと（ローマの生贄では、動物の内部が完全であることを神官が証明することになっていました）などのエピソードもあります。特に凶兆は実際にあたってしまい、この生贄が捧げられた年にカリグラは妻と子もろとも殺されてしまいました。

　ところで、カリグラは、鶏肉料理を幼少期から食べています。古代ローマでは鶏は馴染みのあるものでした。ローマ市民の期待だけが膨（もく）らんでいった当時の情勢で、カリグラは市民の期待に応えたいという思いとともに重圧に苦しんでいました。そんななかで誕生日の宴は行なわれます。宴のメニューに鶏肉の料理もありました。

当時のローマの食事では、卵ではじまり、リンゴ（果実）で終わること が多かったようです。構成としては前菜、主菜、デザートの順に提供され ました。前菜はオリーブなどの盛り合わせ、レタスやポロネギ（リーキ） のサラダなどの軽いものです。そして、主菜に野菜のスープや、煮るか焼 いた肉（例、豚肉、ウサギ肉、羊肉、山羊肉）、あるいは豆料理（例、ひ よこ豆、レンズ豆、そら豆）などが出されました。デザートはプラケンタ （平たいケーキ）やはちみつ入りカッテージチーズで締めくくります。

鶏肉料理と調味料

古代ローマの歴史的な料理書『アピキウスの料理帖』に鶏肉料理のレシ ピがいくつか残っています。

家禽は、油と小麦粉を練った生地で包んでオーブンに入れれば、味がよくなり、 栄養分も増し、脂肪の用途も増える。

（『アピキウスの料理帖』6. 2. 19）

現在の鶏のパイ包み焼きの元祖といえるかもしれません。油と小麦粉で 練ったパイ生地で、塩コショウをまぶして寝かせた鶏のもも肉を煮込んだ ものをくるみオーブンで焼き上げます。そして古代ローマ特有の味付けを 加えます。その味付けとは、古代ギリシアの食文化が基本となっています。 他のローマ料理の食材でもみられるとおり、ハチミツ、ビネガー、魚醤に ブドウ果汁を加えた甘酸っぱくかつしょっぱい味付けがベースとなってい ます。

当時のローマでは古代ギリシア医術も移入しているため、苦味、酸味、 塩味、甘味の四味の絶妙なバランスをみながら、ローマ風の味が作り上げ られました。大別した味の詳細については後述します。

食べることを追求したクラウディウス

　さて、冒頭に引用したヒスパニア出身の哲学者セネカの言葉「食べるために嘔吐し、嘔吐するために食べ」ることは、一部のローマ人の特徴の一端を表しています。たとえば、カリグラの次の皇帝である第４代クラウディウスは大食漢で、「胃の重荷を除くために、咽の中に羽をつきこまさした」（スエトニウス『皇帝伝』「クラウディウス」）という逸話を残しています。食卓のトリークリーニウム（寝椅子）に身体を横たえて、饗宴の豪華な料理を食べ続け、食べる限界をむかえたら鳥の羽でのどをくすぐり、嘔吐してまた食べたといいます。

　もっとも、ローマ人全員が食べて吐いていたわけではなく、並々ならぬ食欲の持ち主だけが行なったであろうということも付け加えておきましょう。また、満腹感から嘔吐するのではなく、酒を飲みすぎたときに嘔吐をしたようです。そんなカブが好き（第１章参照）で大食漢のクラウディウスは、ある食物によって終わりを遂げます。

セネカの弁

　これを伝えたセネカ自身はどうだったかといいますと、お酒は飲んでも飲まれないように節度をわきまえ、質素倹約に努めていました。食事も手に入るものや簡単に調理できるものを優先しています。

> ときには、酩酊するまで飲まなければならないときもあろう。だが、われわれは、酒浸りになってはならない。たしなむ程度にしておくべきだ。酒は、憂いを洗い流してくれる。精神の最も深い部分を揺り動かしてくれる。それは、幾つかの病気を癒してくれるが、そればかりでなく、悲しみも癒してくれるのだ。［酒の神］リベルが、その［「自由にする者」という意味の］名で呼ばれているのは、舌を滑らかにしてくれるからではない。精神を憂いの束縛から自由にして、解き放ち、元気を与えて、なにをするにも大胆にしてくれるからなのだ。

とはいえ、自由に健全な節度があるように、酒にも健全な節度がある。…（中略）…。しかし、われわれは、あまりひんぱんに飲酒をすべきではない。精神が悪い習慣に染まらないようにするのだ。

　セネカは古代ローマの「先祖の美風」である質実剛健を体現した生き方を是としていますで、一部のローマ人の退廃した華美絢爛（かびけんらん）な食事やふるまいを嫌悪している様子が文章に表れています。

「暴君」と呼ばれた皇帝

　第4代クラウディウス亡き後、54年に新たな皇帝が即位しました。第5代皇帝ネロ（37〜68）で、まだ16歳の少年でした。母親アグリッピナによる監督、ガリア出身の近衛長官ブルス、哲学者であり家庭教師でもあったセネカの補佐によって、ネロの治世ははじまりました。のちにネロは母殺し、妻殺し、キリスト教徒への迫害に加え、ブリタニアでの反乱勃発という出来事から、「暴君」や「悪政を行った」というレッテルを貼られてしまいます。しかし、あらゆるものごとは理由があって起こるのです。

　ネロは複雑な境遇で育ちました。これは母アグリッピナの影響が大きかったといえます。アグリッピナは初代皇帝アウグストゥスのひ孫で、第3代皇帝カリグラの妹でした。カリグラが帝位についた37年、アグリッピナは男の子を産みます。男の子の名はルキウス・ドミティウス・アエノバルブス。この子がのちに「ネロ」と呼ばれることになります。41年、カリグラが暗殺されると、彼女の伯父クラウディウスが後を継ぎ、第4代皇帝となりました。アグリッピナはネロを生んだあと、野心から息子を皇帝に即位させるため、クラウディウスと再婚します。その後は皇后として、当時の女性としては異例なレベルで政治へ積極的に介入し、ネロを皇帝にすべくセネカやブルスといった優秀な人材を招いて周到な準備を行ないました。クラウディウスの急死も彼女による毒殺とされています。

キノコへの愛と死

ネロはクラウディウスについて機智に富むことを言った。ある宴席で食卓に茸^{きのこ}がだされたとき、茸は神々の食べ物であると誰かが言うと、それを受けてネロは「そのとおり。茸を食べたのが原因で私の父は神になったのだ」と付け加えた。

（ディオン・カッシオス『ローマ史』61・35・4
訳文はファース, P.『古代ローマの食卓』より）

　先のエピソードから、母アグリッピナの強烈な野心が殺意となって皇帝となった実の息子にもいずれ向けられるだろうというネロの気持ちの吐露をうかがわせますが、それ以外にローマの食文化にとって興味深い点が確認できます。毒殺の方法にキノコが用いられたということです。大食漢のクラウディウスはキノコ料理に目がなかったとされていて、これに目をつけたアグリッピナが毒キノコ料理を食べさせて、毒殺してしまいました。

　古代ローマではキノコは森の中で採集するものでした。実は、当時のローマ帝国では既にキノコの魅力が理解されていました。キノコには邪悪な力が備わっていると考えて忌避^{きひ}していたケルト人やゲルマン人に比べて、ローマ人は積極的にキノコを食べる機会が多く、キノコには味わえるものと有毒のものとがあると大別できていました。あるときには毒キノコを食して運悪く命を落とすこともあったそうですが、命を落とす危険性を感じながらも、彼らが毒のないキノコを味わった時に感じる風味や食感に文字通り病みつきになっている様子がうかがえます。

ローマの味付けは少し和風

　元々は質素な食べ物を好み、穀物や豆類を食べていたローマ人は前146年にギリシアを征服し、やがて地中海沿岸全域の支配者となりました。彼らは洗練されたギリシア文化を目の当たりにし、それを熱心に取り入れま

した。その柔軟さもローマの特色の一つでした。食文化も同様で、ローマ人はハチミツ、ビネガー、魚醤に数種のハーブ、そしてスパイス類を取り入れました。共和政から帝政へと時代が進むにつれて使われるハーブやスパイスも多種多様となり、そこへブドウ果汁やハチミツを加えた濃厚な味付けに「ローマの味付け」は変容していきます。

　また、ローマは医術でもギリシアの影響を受けています。前5〜4世紀の医師ヒポクラテスは味の分類を苦味、酸味、塩味、甘味へと四別しましたが、帝政ローマでは味は一層濃厚になりました。彼らは大胆果敢に四味それぞれの味わいを追求し、食材に圧倒的な量で調味料を振りかけたのでした。四味の具体例は次の通りです。

　苦味　ラテン語で「ピリッとした味」を意味します。食材にはクミン、ディル、コリアンダー、フェンネル、セロリなどが挙げられます。これらの多くはローマ帝国よりさらに千年以上前の古代エジプトで使われており、ローマが古代地中海世界の食文化を受け継いでいたことを示しています。

　酸味　柑橘類の果汁やワインビネガーを使います。「柑橘類」としたのは、ネロの治世の学者である大プリニウスが『博物誌』のなかで「シトラス」と記したものが、実際にはレモンだったのではないかという議論があるためです。現在のシチリアはレモンの大産地で、「ローマの湖」となった地中海沿岸地域の気候はレモンにも適していたことでしょう。

　塩味　塩とガルムです。特に魚醤の一種であるガルムは、『アピキウスの料理帖』でほとんどすべての料理に加えられるなど、ローマを代表する調味料といってもいいほどの頻度で使われており、その味覚と使用法でローマ特有の濃厚な味付けを作り上げています。残念ながらガルムの製法はローマ帝国の滅亡とともに失われ、その後のヨーロッパでは魚醤が作られませんでした。そのため、石川県のいしる、秋田県のしょっつる、香川県のいかなご醤油などの日本の魚醤を使えば、古代ローマの味付けに近づけられるようです。今のイタリア料理よりも和の味付けの方が古代ローマに近いという点は興味深いですね。ちなみに、イタリア料理に必須のトマト

は、1500年代の大航海時代にアメリカ大陸から移入されてきました。

甘味　ハチミツの使用が挙げられます。ハチミツの汎用性は大きく、肉のステーキにもサラダにもリゾットにもデザートにも使用されています。

皇帝の「パーニス」

　皇帝が果たすべき二大重要事項は「食」と「安全」の確保でした。ローマでは共和政の末期から穀物の無料配給がはじまり、それを使って多くの市民が安定してパンを食べられるようになりました。食を安定して市民に届けることは皇帝の平和な治世にふさわしいものでした。皇帝一族の権力闘争は激しかったものの、ローマにとっては幸運なことに、ネロの治世開始当初は安全も食も確保されていたのでした。

　食といえばパンというくらい、古代ローマでは様々パンが登場します。ローマではパンのことを「パーニス」と呼び、あらゆる種類の穀物から作られました。例えば、豆類や米を挽いて粉にしたもの、パン生地に油もしくはベーコンの脂身を混ぜたもの、パン生地にバターを練り込んだもの。ブドウ汁、ワイン、ミルクなどを混ぜたパーニスや、コショウ、クミン、ゴマなどのスパイス風味のパーニスもありました。

　具体例をいくつか挙げてみます。「パーニス・アディパートゥス」はベーコンの切り身と脂身を入れた一種のピザです。今から2000年ほど前からピザを食べていたことになります。

　続いて、「パーニス・ムスターケウス」。果汁パンのことで、丸い冠のような形状で月桂樹の葉の上で焼いたパンです。婚礼の宴で供され、出席者に切り分けて食べる菓子でした。今でいうウェディングケーキのようなものでしょうか。

　最後に「パーニス・ミーリターリス」。兵士が食べるパンです。兵糧ともいわれた乾燥ビスケットでした。軍隊用の保存食が当時からあったというのもこれまた驚きです。このあたりには、粗食に耐えながら戦争を勝ち

抜いていったローマ軍団の面影が見えます。

🌿 首都と属州の食物連鎖

　かつては「粥喰いの未開人」と他国から揶揄された時代が嘘のように、ローマ帝国は発展していきます。裕福な上流階級が生まれ、ローマの地には自由市民と奴隷と外国人がともに生活していました。生活するすべての市民が飢えることのないように食糧の安定供給を図ることが皇帝の政策の大きな柱でした。ここで政策の方向を間違うと市民からそっぽを向かれ、元老院から失政の烙印を押されます。

　当時「全ての"食"がローマに通じる」という比喩が過言ではないほど多様な食料が属州からローマへと輸送されていました。ガリア北部（今のベルギー）からハム、ブルターニュから牡蠣、マウレタニア（今のモロッコ）からガルム、アフリカ属州（今のチュニジア）から野生動物、シリアからスパイス、カッパドキア（今のトルコ）からレタスが輸入されていました。また、エジプトからは花が運ばれてきました。

　これがほんの一例だというのだから驚きです。ローマは世界の強大な帝国として民の食の欲望を満たしていきました。あらゆる食材をむさぼりつくしていくのです。

　一方、征服した属州での食料生産とその輸送はローマの灌漑農業を現地に伝え、帝国全体での農業生産量を高める狙いもありました。ローマ人は属州に果樹やハーブ、多種多様の野菜、そしてクジャク、ニワトリ、キジなどの鳥をもたらしました。すべての食が「永遠の都」ローマに伝えられ、その宮廷や貴族の宴席で洗練されたのち、異郷と境界を接する各属州へ食材や料理法が届けられていったのです。街道の整備や船舶の開発によって発達した帝国全域の交通網にも支えられ、ローマと属州の食文化は深くつながっていました。

すべてを飲み込むローマの食卓

ローマ帝国の飲料事情とネロの「現代的」提案

　ローマ帝国の飲み物として不可欠なのがワインです。古代ギリシア文化の流入と受容もあり、ワインは水で割って飲むのが洗練された作法でした。そのまま生で飲むことは野蛮とされ、割らないワインを供すのは神に捧げるときだけといわれています。また、水だけでなく、サフランやハチミツなどを添加して味つけして香りと色も楽しんだとされています。ハチミツをワインに加えた「ムルスム」は食前酒として飲まれ、ワインとは別物と考えられていました。

　ワイン以外の飲み物として、清涼飲料の「デーフルトゥム」があります。これは果汁を煮詰めて作ったシロップで、牛乳とともに子どもの飲み物とされました。旅人や兵士の携帯飲料には、「ポスカ」と呼ばれる水と酢で作られ日持ちがする飲料がありました。もちろん、井戸からの水や溜めておいた雨水も飲まれていました。

　ネロはこの水に関して一つの案を提示しています。雨水を煮沸して、雪で冷やして飲むというものです。現代の我々からすると衛生的で、素晴らしい提案だと考えられます。ところが、当時のローマ市民からはまったくナンセンスな考えだとして受け入れられませんでした。ギリシアの優れた自然科学を身につけ、現在でも使われるほどの水道システムを整備したローマ人にとっても、生水には細菌が潜んでいるという概念はなく、燃料を浪費して水を煮沸するという行為が理解できなかったのです。

　また当然ながら、当時冷蔵庫はありません。アルプスからわざわざ雪を運んで冷たくして飲む行為は非常に贅沢に映りました。豊富な食材が集まるローマ帝国ですが、根底には質実剛健という「先祖の美風」がありました。夏に水をわざわざ冷やして飲んだネロの行動は贅を極めたものだと否定的に捉えられたのでした。

絶滅危惧種最後の一本はネロ皇帝の腹へ

　古代ローマ人が最も愛した香辛料がシルフィウムでした。苦みを加える香辛料は属州キレナイカ（今のリビア）で自生していたものですが、栽培されることはありませんでした。この植物の茎や根自体も煮たり焼いたりできますが、一番重要なものがその根から抽出される液汁で、その汁を樹脂状にした「ラーセル」が香辛料として輸出されていました。

　そんな希少価値のあるシルフィウムでしたが、羊もこの植物が好きでした。大プリニウスの『博物誌』にはこう記されています。

> もうここ長年その国ではこれは見られない。というのも、牧場を強奪した徴税請負人がそこでヒツジを放牧してそれをきれいになくしてしまったからだ。（中略）われわれの記憶では、たった一本の茎がそこで発見され、それがネロ帝のもとに送られた。（後略）
>
> （大プリニウス『博物誌』一九巻、一五、三九。
> 中野定雄他訳『博物誌（第二巻）』より二次引用）

　シルフィウムは直接的には羊に食べられ、間接的にはおそらくサハラの砂漠化もあって絶滅に追い込まれたのでした。皇帝ネロがその貴重な最後の一本を味わって、シルフィウムは地球上から消え去りました。現代の再現料理では代用物のアサフェティダ（和名は阿魏）を使って、古代ローマの味付けのおぼろげな輪郭を掴もうとしています。過去に時間旅行ができるなら、シルフィウムは食べてみたい食材候補の筆頭です。

ネロの最期

　68年に訪れたネロの最期は実にあっけないものでした。食の安定供給を果たすという皇帝の責務を半ば放棄し、娯楽にふけったことがきっかけでした。穀物価格の高騰に悩むローマ市民が小麦を積んであるとばかり思っていた輸送船には、実は競技場に使われる砂が積載されていることが発覚

します。食があってこその娯楽です。この事件をきっかけに、ネロは市民から皇帝失格の烙印を押されます。

　一方、属州のガリアでは反乱が起きていました。以前から皇帝打倒の機会をうかがっていた上流貴族たちが議席を占める元老院もこの機に乗じ、ネロを「国家の敵」と宣言しました。在位14年の末、解放奴隷出身の愛人アクテ以外の誰からも見捨てられ、自殺を選んだ皇帝の最後の言葉は「これで一人の芸術家が死ぬ／何と惜しい芸術家が、私の死によって失われる事か」であったと伝えられています。

ネロのコイン

ネロのお気に入り料理

　複雑な味付けを好む帝政ローマの豪奢（ごうしゃ）な料理の中にあって、ネロのお気に入り料理は非常にシンプルなものでした。ポロネギのオイルがけです。ポロネギは当時、声の通りをよくする野菜として知られていました。皇帝でありながらも歌手としての自負があったネロは、普段から喉の調子を気にしており、毎月ポロネギを食べる日を定め、その日にはパンも肉も食べずに、ポロネギにオリーブオイルをかけた料理だけを無心に食べていたそうです。ネロはポロネギを「美声の薬」として捉えていたのでしょう。聴衆の期待に応えたい一心でポロネギを食べ、美声を保とうとしたネロの

心情がよく伝わる逸話です。

　先にシンプルな料理と書きましたが、『アピキウスの料理帖』にはこんな記述があります。

> 十分に育ったポロネギを料理する。油と少量の塩を加えた水でポロネギを茹でる。
> 取り出し、油、リクアメン、希釈していないワインをからめて供する。
> （3. 10. 1）

> もうひとつのポロネギのレシピ。キャベツの葉でポロネギを包んで茹でる。
> 先述の料理と同様に供する。（3. 10. 2）

　ネロは特定の日はポロネギ以外一切を口にしなかったそうですので、前者のレシピから作ることにします。油はオリーブオイルです。古代ローマでは、オリーブオイルが生活に欠かせないものでした。ローマでは上等から下等まで様々な品質のものが手に入ったといわれています。その使用範囲は広く、料理、医薬品、化粧品、灯火、祭儀、スポーツや競技会など、あらゆる場面でオリーブオイルが使われました。この料理では、皇帝のために一級品であるヴァージンオイルがふんだんに使われたことでしょう。

　このレシピに出てくるリクアメンは魚醤の一種で、ガルムと類似した調味料です。塩気の多い調味料の記述として古代ローマの食卓に登場しますが、喉のコンディションを保つことに苦心していたネロのことですから、おそらくリクアメンは使わなかったでしょう。次の希釈していないワインも同様です。

　結果、ネロのための料理ができあがります。オリーブオイルと塩を加えたお湯で煮込んだポロネギにエクストラヴァージンオイルをかけた非常にシンプルなものです。ポロネギの旨味が十分に出た滋味深いです。ネロのお気に入りの一品だと実感できます。

質実剛健から
退廃的な気質へ

　3世紀に入ると、ローマ帝国の質実剛健の気質はすっかり退廃的な気質に変わっていました。そんな時代を象徴する皇帝が誕生します。第23代皇帝ヘリオガバルス（203〜222）です。ヘリオガバルス（もしくはエラガバルス）は異名で、民衆があだ名として呼んだ名前でした。本名はウァリウス・アウィトゥス・バッシアヌス（Varius Avitus Bassianus）といって、挙兵の際にカラカラ帝の本名になぞらえてマルクス・アウレリウス・アントニヌス・アウグストゥスへと改名しています。ギリシア神話の太陽神ヘリオスもしくはシリアの太陽神信仰の一つであるエル・ガバルを奉じる神官だったことがその名の由来です。

　彼は、第5代皇帝ネロよりも若い14歳で即位し、18歳と11か月で処刑され短い生涯を終えました。ヘリオガバルスの異常な行動のエピソードは様々なスキャンダルをはらんで後世に伝えられています。例えば、絹の女性の服に身を包んでお化粧をしたり、男女を問わず乱交を重ねたり、数人の女性と結婚したり、など枚挙に暇がありませんが、それは本書では割愛し、食の逸話を抜粋してお届けしましょう。

　ヘリオガバルスの食のエピソードは放蕩という言葉と密接に結びついています。ヘリオガバルスの考えの根幹は、新しい快楽を探し求めることでした。例えば、プールやお風呂にバラやワームウッド（ニガヨモギ）の香りのついたワインを注いだり、アピキウスをまねてラクダのかかとや生きている鶏から切り取った鶏冠、クジャクやナイチンゲールの舌を味わったり、海から最も離れた場所で海の幸を提供したりするなど、『ローマ皇帝群像』にはそんな放蕩主義の皇帝の姿がありありと描かれています。

　続いて、どんな古代ローマ料理を味わっていたかを取り上げます。ここでも、彼の突飛な行動は割愛します。

1．乳香の香りのついたぶどう酒やハッカの香りのついたぶどう酒　＊

2．バラの香りのついたぶどう酒にすり潰した松の実を加えた香りが際立つぶどう酒　＊

3．魚からソーセージ、牡蠣や岩牡蠣、その他の海産の貝、伊勢海老、ザリガニ、シャコのすり身の団子　＊

4．ラクダのかかとと、生きている鶏から切り取った鶏冠、孔雀やナイチンチンゲールの舌（アピキウスをまねた行為として）

5．10日間毎日の30頭分の猪の乳房と子宮

6．エンドウ豆と金、レンズ豆とケラウニアという宝石、ソラ豆と琥珀、米と真珠を一緒に提供

7．コショウの代わりに真珠を振りかけた魚やトリュフ

8．海を想起させる青色のソースで調理させた魚

9．見た目が肉や果物のようなお菓子や乳製品

10．ローマ皇帝として初の水で割ったガルムの提供　＊

11．600匹のダチョウの頭と脳みそ

12．オリーブとガルムからできたシュバリス（イタリア半島南部の古代ギリシア植民市、前510年に滅亡、快楽の追求の代名詞）風の料理

＊『ローマ皇帝群像』の本文に、ヘリオガバルスが最初に発明した料理と記述されていますが、実際にはローマ帝国の1世紀の料理書『アピキウスの料理帖』にすでにそのレシピが登場しています。

　これが皇帝らしいふるまいだと誇示するかのように、美食を通り越して悪食とすらいえる常軌を逸した料理を喰らっています。読んでみると、本人も快楽を追い求め、美食家で奢侈家のマルクス・ガウィウス・アピキウス（1世紀ごろ）を意識してその伝説を超える食のエピソードを自分と周囲とローマ市民に向けていることがうかがえます。贅沢をすることが自分のアイデンティティの拠りどころだと主張するかのような行動の連続を思うと、彼の治世が4年で終わってよかったのかもしれません。

　他に例を見ないヘリオガバルスの浪費と料理法の流儀には、古代ローマが受け継いできた先祖の美風はどこへやら。セネカの「警告」はかくも無

残に破られてしまいました。

ヘリオガバルスを冠した料理

　第23代皇帝のヘリオガバルスについては、先に紹介したように放蕩という言葉と密接に結びついています。美食と悪食を兼ね備えたふるまいとその結果としての料理の数々に、暴君や悪帝の名称が浮かんできそうです。

　そんなヘリオガバルスの名前を冠した料理が『アピキウスの料理帖』に登場します。

> **皇帝ヘリオガバルス（ウァリウス）風鶏肉料理**
> 次の煮出し汁で鶏肉をゆでる。束ねたポロネギ、コリアンダー、セイボリー、リクアメン、油、ブドウ酒。鶏肉に火が通ったら、コショウと松の実をすり潰し、束ねたポロネギを取り除いた煮出し汁を注ぐ。牛乳と混ぜて、すり鉢の中身を鶏肉にかけ、火にかける。卵の白身を加え溶いていき、とろみをつける。鶏肉を皿に盛り付け、ソースをかける。これは「ホワイトソース」と呼ばれている。(6.8.11)

　原文のVardanusの解釈には様々あるようで、ウァルダーヌス、ウァルーダムス、ウァリアーヌスなどが挙げられます。ここでは、皇帝ヘリオガバルスの本名であるウァリウス・アウィトゥス・バッシアヌスの「ウァリウス（Varius）」の名を冠した料理という案を採用しました。

　「水で割ったガルム」や「ブドウ酒にすり潰した松の実を加えたソース」など実際に味わえていた調味料がレシピに記されていることが特徴です。さすがに、「真珠を振りかけた」食材という悪食的な調理法はありませんが、豪華絢爛なホワイトソースをまぶした鶏肉料理は現代の美食にも通じるものがあります。悪帝のふるまいを思い浮かべながら、ローマ帝国の豪華な料理を味わい尽くしましょう。

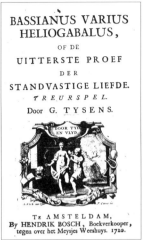

BASSIANUS VARIUS
HELIOGABALUS,
OF DE
UITTERSTE PROEF
DER
STANDVASTIGE LIEFDE.
TREURSPEL.
Door G. TYSENS.

DOOR TYD
EN VLYD.

Te AMSTELDAM,
By HENDRIK BOSCH, Boekverkooper,
tegen over het Meysjes Weeshuys. 1720.

ヘリオガバルスを取り上げた物語の扉

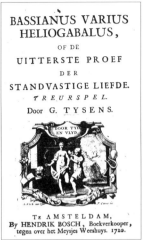

ローマの衰退

　ヘリオガバルスの死後、3世紀以後のローマは新たな領土を獲得するに至らず、増え続ける人口へ対応する術を失い、帝国は衰退の道をたどりました。人の往来も減り、属州の人心はローマから離れるばかりでした。

　皇帝ディオクレティアヌス（244〜311）は293年に四分割統治を導入しました。四分割統治とは、2人の正帝（アウグストゥス）と副帝（カエサル）の計4人がローマ帝国を統治するというものです。首都ローマから1人の皇帝で統治するには、帝国は広すぎる状態となっていました。しかし、これによりますます首都ローマの重要性は低下し、国家は弱体化していきます。

　ディオクレティアヌスが引退すると、四分割統治が機能せず、帝国は混乱の時代を迎えます。324年、西方副帝だったコンスタンティヌス1世（在位306〜337）がローマ帝国を再統一し、330年には新しい首都となるコンスタンティノープルを建設。落成式は同年5月11日に行われました。これ

により、首都機能はコンスタンティノープルへと移され、ローマはもはや首都ではなくなりました。

　そしてテオドシウス1世（在位 379〜395）の亡くなった395年以降、ローマ帝国は東ローマ帝国と西ローマ帝国に分裂し、東の帝国はそれからおよそ1000年以上、西の帝国は100年ほど存続し続けることとなるのです。

帝国の崩壊、古代の終焉

　「粥喰いの未開人」だったローマは古代を代表する帝国にまで成長し、すべての"食"がローマにやってきて、そこで洗練されて、また属州へと料理が届けられるようになりました。例えば、ガリア北部、ブルターニュ、マウレタニア（今のモロッコ）、アフリカ属州（今のチュニジア）、エジプト、シリア、カッパドキア（今のトルコ）から様々な食材が届けられ、帝国は繁栄しました。

　本章、帝政ローマの料理は2品です。

　1．皇帝ネロのためのシンプルなポロネギのオリーブオイルがけです。歌手としての自負もあったネロが「美声の薬」としてポロネギを味わった料理です。ソロリサイタルに向かう前に声の調子を保とうとしたネロの気持ちを考えながら味わいたいものです。（レシピ231ページ参照）

　2．皇帝ヘリオガバルスの名前を冠した料理。『アピキウスの料理帖』に載っている鶏肉料理は、「水で割ったガルム」や「ブドウ酒にすり潰した松の実を加えたソース」など実際に味わった料理がレシピに記されているのが特徴で、豪華絢爛なホワイトソースをまぶしたこの料理は、現代の美食にも通じるものがあります。（レシピ232ページ参照）

　そんなローマですが、広大な帝国を維持し続けていくのは容易なことで

はありません。３世紀以降、異民族の侵入が頻発して対処が困難になり、張り巡らされたインフラは徐々に放棄され、イタリア半島が帝国の中心部ではなくなりました。そして395年、帝国は永遠に戻ることのない東西の帝国に分離することとなったのです。

408年、西ゴート族の王アラリック１世（在位 395〜410）がローマを包囲し、都市を略奪しない代わりに金銀財宝を要求します。ローマの人々はその要求を飲み、様々な財宝に加え3000ポンドのコショウを支払うのですが、それにもかかわらず２年後の410年、ローマは西ゴート族から３日間の略奪を受け、ローマは瀕死の状態に陥ります。この時の皇帝は、もはや統治能力を失っていました。

476年、ゲルマン人傭兵隊長オドアケル（433〜493）が西ローマ帝国最後の皇帝ロムルス・アウグストゥルス（在位 475〜476）を退位させて、西ローマ帝国は滅亡しました。奇しくもローマ建国の父ロムルスと帝政ローマ初代皇帝のアウグストゥス（アウグストゥルスは小アウグストゥスの意）の名を持ち合わせた人物が最後の皇帝となったのです。一時期は100万人以上もの人であふれていた巨大都市ローマは、この滅亡の年にはわずか２万人程度の人口にまで衰退していました。

こうして巨大なローマ帝国は終焉の時を迎え、古代から中世の時代へと移っていきます。ビザンツ帝国とも呼ばれていた東ローマ帝国は唯一のローマとして、さらに1000年以上もの期間、中世を生き続けていくのです。その中世の「ローマ」の話は次章でみていきましょう。

第 **3** 章

帝国の崩壊と
中世の始まり

6〜11世紀

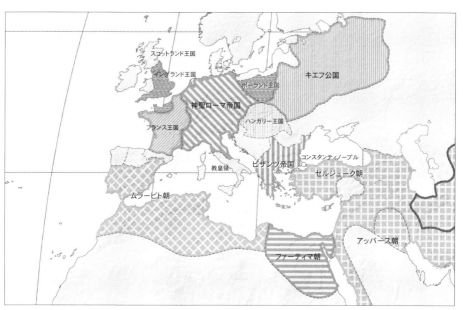

11世紀のヨーロッパ

ローマ帝国味付け論争

ビザンツ宮廷での会食の模様および食卓での論争（6月7日）

　この同じ日、彼は私を食事を共にするように命じました。しかし、彼は私が彼の高位高官の誰よりも上席に座すことを相応しいとは考えず、私は彼から15番目（の席）に、布巾もなく座りました。私の従者の誰一人として、ただ食卓に与らなかったばかりでなく、私が食事をした館すら見なかったのです。この全く不快な恥知らずな食事——酔っぱらいの常として、油で濡らし、魚から作られた何か最低の液体を撒き散らされた食事——のなかで、彼は、陛下の御力、王国、軍隊について多くのことを私に尋ねたのでした。（原文ママ）

（リウトプランド『コンスタンティノープル使節記』より）

　968年、外交使節クレモナ司教リウトプランド（920頃〜973）はコンスタンティノープルに派遣されました。リウトプランドは10世紀のイタリアで活躍した聖職者で、神聖ローマ帝国皇帝オットー1世（912—973年）の代理人としてビザンツ帝国の首都コンスタンティノープルに赴いたのです。彼が著した『コンスタンティノープル使節記』は6月4日から10月2日までコンスタンティノープルを訪れた使節団の記録です。

　使節団の目的はオットー1世の「皇帝」称号問題、イタリア南部地域の諸侯の帰属問題などの和平締結に向け、ビザンツ帝国皇帝ニケフォロス2世フォーカス（913—969）と交渉することでした。つまり、ローマ帝国の取り扱いに関する皇帝の理念と概念の定義などの「皇帝」を名乗る問題と南イタリアの領土に関する帰属問題、そしてビザンツ帝国のイタリアにお

ける拠点バーリをめぐる問題の3点が争点でした。ところが、話し合いは初手から難航します。この時のビザンツ帝国は、東方における勢力拡大を強め、シリアを征服し、パレスティナを奪回しようとしていました。つまり、神聖ローマ帝国の支援がなくてもビザンツ帝国は独力で東方勢力に対峙できる状態だったのです。

　加えて、オットー1世が「ローマ皇帝」を名乗ることについては、全く容認できないという意向を、態度と言葉で示します。リウトプランドが記すところによると、ニケフォロスはオットー1世を「彼らの言葉（ギリシア語）」でバシレウス（皇帝）とは呼ばずに、「我々の言葉（ラテン語）」でレクス（王）と呼んだのでした。ローマ帝国はただひとつであり、それは正にビザンツ帝国に他ならないのです。ビザンツ側は正統なローマ帝国の皇帝であり、オットーとかいうローマ皇帝を名乗る偽物は一切認めない、だからその使節を冷遇したというわけです。

　その後の会食は、使節にとって悲惨そのものでした。リウトプラウドは、皇帝ニケフォロスたちと会食の機会が与えられるも、ビザンツ高位高官よりも「上座」に座ることを許されず皇帝からは遠い席が与えられ、布巾も用意されない始末です。挙げ句の果てに、出てきた料理は「油で濡らし、魚から作られた何か最低の液体を撒き散らされた」ものでした。リウトプランドは屈辱的な扱いを受け、その上、異国の理解不能な料理が登場したという状況に陥ったことをこの史料は教えてくれます。

ローマを受け継ぐビザンツの食材

　リウトプランドは「恥知らずな食事」と文句をつけていますが、そもそもそれほどまでに酷い料理だったのでしょうか。「油で濡らし、魚から作られた何か最低の液体を撒き散らされた」とは、オリーブオイルとガルムをかけた料理を思い起こさせます。つまり、10世紀後半のビザンツ帝国では、古代以来の特徴ある味をしっかり継承していることが伝わってきます。

そもそもの話ですが、「ビザンツ帝国」あるいは「ビザンティン帝国」と自らを称した国家は歴史上に存在しません。ビザンツとは近代になってこの国を呼ぶときに用いた名称のことで、正式名称は初代ローマ皇帝アウグストゥス以来、「ローマ帝国」でした。つまり、「ビザンツ帝国」「ビザンティン帝国」は古代（伝承上は紀元前753年）から1453年5月29日まで約2200年間続いた「ローマ帝国」の一時期を指す通称となります。

　この帝国は、地域としてみるとローマ帝国の東部分、理念を鑑みるとローマを継承する唯一の帝国と定義できますが、そんなビザンツ帝国の食事情はローマ帝国からの遺産ともいうべき食文化を継承していることがわかります。

　時代を経るにつれ、領土の拡大や縮小を繰り返していったビザンツ帝国ですが、その中心的な領土はアナトリア地域およびコーカサス山脈付近、バルカン半島（ベオグラードから東側、そしてドナウ川より南側の地域）、クレタ島を含んだエーゲ海諸島です。

　中世初期のビザンツ帝国の農業のやり方は、紀元後1世紀のローマ帝国のやり方とほぼ同じだったそうです。おもな作物としては、小麦、大麦、キビなどの穀物や豆類などが挙げられます。エジプト、イリュリクム（現スロベニア、クロアチア付近）では、小麦を使ってビールを醸造していました。

　ブドウの木やオリーブは、気候さえ合っていればどこでも育てることができました。具体的には、地中海地方は言うに及ばず、トラキア（バルカン半島南部）、テッサリア（ギリシア中部）、テサロニカ（テッサロニキ）、アナトリアのビテュニア（アナトリア北西部）、アナトリア西岸の渓谷、アナトリア地方の黒海南岸の東部側のポントス、そして北部ガリア地方などで栽培されています。ビールを醸造していたエジプトを除き、ワインは地中海地域のあらゆる階級の主要な飲物でした。

ビザンツのアルコール

　ビザンツ帝国の人々が嗜（たしな）んでいたアルコールはワインです。ワインを飲むことはビザンツ帝国民にとってとても重要なことでした。ところが、クレモナ司教リウトプランドは『コンスタンティノープル使節記』の中で、松脂やお湯を混ぜて飲まれた濁りのあるビザンツ帝国のワインを「風呂の水」と揶揄しています。これも自らの周辺でなじみのない飲み物を受け入れようとしないリウトプランド流の表現ですね。ワインの飲み方は、古代ギリシアからローマ帝国に継承されたワインを水で割る飲み方がビザンツでも受け継がれていました。

　また、古代ローマの飲み方では、ワインが急速に劣化するのを防ぐためワインに添加物を加えて飲むこともありました。アロエ、サフラン、ニワトコの実による染色、水で薄めた果汁の追加、香料や樹脂の追加、海水の追加、コショウとハチミツの混入など一口に添加物と言ってもその種類は豊富でした。

　ビザンツでは、こうした「ローマの遺産」を受け継いでいて、ワインの保存として松脂を追加していました。それ以外にもワインのぬるま湯割りやぶどうジュース、バラの花びら、フェンネル、セロリの混合を添加して飲んでいました。今でも松脂ワインは、「レッチーナ」という名称で、伝統的なギリシアワインとして販売されています。

　ところで、首都コンスタンティノープルではワイン以外にも、蜂蜜を原料とする醸造酒であるミードが広く飲まれていました。ビザンツ帝国では、四体液説という古代ギリシアの医学者ヒポクラテスが提唱してきた4つの体液（血液、黄胆汁、黒胆汁、粘液）のバランスが良ければ健康であるという体液病理説（四体液説）の考えに従って、すべての食材は寒・暖・乾・湿の性質をもっていると考えられていました。ミードはワインよりも暖と乾の性質をもつと考えられていたようです。　一方、ビールに関しては、ビザンツ帝国からそう遠くない南バルカンやエジプトで大麦と雑穀か

ら作られたビールが生産されていました。しかし、ビザンツ人はビールを野蛮な飲み物ととらえていたようで、積極的に飲まれていなかったようです。ビールは、パンノニア（現ハンガリーのドナウ川西岸地域）、ゲルマニア（現ドイツ）、ブリタニア（現ブリテン島）で飲まれていました。

軍のドリンク

　東ローマ帝国の初期（5〜6世紀）、兵士が飲んでいた飲料がありました。彼らは、フスカ（phouska）と呼ばれる水とワインビネガーを混ぜて作られた飲料水を飲んでいました。フスカよりもポスカ（posca）というラテン語名の方に聞き覚えがあるかもしれません。古代ローマでは旅人が持ち歩く清涼飲料であり、水が手に入ったら酢を加えて薄めて飲んでいました。飲み水の品質を保つにはそれが当時、一番理に適っていると考えられていました。

　時代が下るにつれて、フスカは酢と水を混ぜ合わせるだけでなく、塩や、クミン、フェンネルシード、ペニーロイヤル、セロリシード、アニス、タイム、スカモニアなどのハーブ類が加えられていったそうです。

　また、フスカという単語が水とワインビネガーを混ぜて作られた飲料水という意味以外にビールを意味するものとして使われているという説もあるようで、ある文脈では質の悪いアルコールの意味にフスカが使われています。

ビザンツの肉

　ビザンツ帝国マケドニア王朝の第2代皇帝であるレオーン6世（886〜912年）の命令で起草されたコンスタンティノープルの同業組合（西欧のギルドに相当）規定集である『総督の書』には、ビザンツ世界の食肉についての記述があります。

　当時、帝国では牛・豚・羊・ヤギが家畜として広く飼育されていました。

とりわけ豚や羊が肉料理として提供されていたようで、肉の供給の大部分を占めていたのは豚でした。アピキウスのレシピで豚肉とするところを「肉」と書いてすませているところもあるほど、肉といえば豚肉という古代ローマの伝統にビザンツもならっているように思われます。豚は豚肉としてだけでなく、ハムとベーコンに加工して冬の食料にしていました。

　羊、山羊は大昔からローマ人に飼育され、羊が食用にされた最初の動物でもあったので、ローマ帝国の肉の概念をビザンツ初期から受け継いでいるといってよいでしょう。リウトプランドの『コンスタンティノープル使節記』でも皇帝ニケフォロスが贈り物として羊や山羊を振る舞っている描写が次の通りされています。

> 「まるまると太った小山羊を贈ってきたのです。彼自身もそれをともに食べたのですが、それは、ニンニク、玉ねぎ、ニラがふんだんに詰められ、魚のソース（著者注：ガルム）がふりかけられたものでした。」
> 「ニケフォロスは２頭の羊を贈ってきました。」

　牛は、肉牛と乳牛が飼育されていました。もともと牧畜文化だった古代ローマでは専ら乳牛用として飼育され、食肉としての用途は帝政期に入ってからでした。『アピキウスの料理帖』でも牛肉料理のレシピは数品のみとなっています。

　『総督の書』の記述から、ビザンツ帝国では古代からの食文化やしきたりを数世紀もの間、忠実に守っていたことがわかります。

リウトプランドの「お気持ち」表明－２度のコンスタンティノープル訪問

　「全く不快な恥知らずな食事」とビザンツ料理を斬り捨てたクレモナ司教リウトプランド。実は、968年の外交使節としてのコンスタンティノープル訪問は２度目でした。１度目はこれに先立つ18年前のこと。949～950年にイタリア王ベレンガーリオ２世（900～966）の使節として、コンスタ

ンティノス7世（905？〜959年）に謁見しています。そのときは歓待を受
けて、古代ローマの流儀で横たわって果物を載せた黄金の皿から食事をし
たなど、大宮殿の広間で行われたクリスマスの祝宴の凄さを記しています。

　それとは大きく落差のある、2度目のコンスタンティノープル訪問とな
ったわけです。1度目の使節団の時と打って変わっての屈辱にまみれた扱
いに、異国の食描写にも彼の「お気持ち」が色濃く出ていることがおわか
りでしょう。さて、ローマ帝国の流儀や食文化を継承してきたビザンツの
食文化は、当時のヨーロッパ西方世界の目から見てそれほどの違和感を覚
えるほどのものだったのでしょうか。ここで、時をさかのぼって古代末期
から中世初期のヨーロッパ西方世界を確認してみましょう。

キリスト教と中世の食

> あなたがたの羊は、傷のない一歳の雄でなければならない。それを子羊かやぎ
> のうちから取らなければならない。あなたがたは、この月の十四日まで、それ
> をよく見守る。そしてイスラエルの会衆の集会全体は夕暮れにそれを屠り、そ
> の血を取り、羊を食べる家々の二本の門柱と鴨居に塗らなければならない。そ
> して、その夜、その肉を食べる。それを火で焼いて、種なしパンと苦菜を添え
> て食べなければならない。生のままで、または、水に入れて煮て食べてはなら
> ない。その頭も足も内臓も火で焼かなければならない。
>
> 　　　　　　　　　　　　　　（『旧約聖書』「出エジプト記」第12章より）

　イエス（前6／5／4〜後30年ごろ）の「最後の晩餐」は、上に引用し
た「出エジプト記」に由来するユダヤ教の祭、「過越祭」の晩餐といわれ
ています。神殿では犠牲の子羊が捧げられ、イエスの食卓にはマツォット
と呼ばれる種無しパンが並んでいる様子が福音書からわかります。さらに
苦菜と子羊も供されていたと考えられます。

200年頃に編纂されたユダヤ教の文献ミシュナでは、エジプトにおける苦難を象徴する苦菜（マロール・ハゼレット）、エジプトでイスラエル人が作ったレンガの粘土を象徴する甘い茶色のペースト（ハロセット）、塩水に浸す野菜（カルパス）その他二品（後に過越祭の犠牲を象徴するゼローアと呼ばれるすねの肉、犠牲を象徴するゆで卵とさえる）が挙げられています。

　イエスは晩餐の際に、種無しパンとワインを自身の体と血であると表現しています。それが後にワインよりも目に付きやすい聖別されたパンのほうが生贄という意味のホスチアと呼ばれるようになりました。

　中世ヨーロッパは、改宗・受容といった形でキリスト教の教えが社会や文化のすみずみにまで浸透していった時代でもあります。フランク王クローヴィス（466〜511）の改宗や、ノルウェーのオーラヴ聖王（995〜1030）による北欧のキリスト教化などが文字史料として目を引きますが、その一方で教会や修道院の建設や、十字架が彫られた石造物をはじめとするキリスト教関連遺物の出土など、様々な指標から社会の変動を確認できます。

　キリスト教の食文化は徐々にローマ世界に組み込まれ、帝国の首都ローマに集められた食材との親和性からパン・ワイン・油（オリーブオイル）とが儀礼上必要な食材としてみなされ、ユダヤ教の掟や祭日に従わなくてもよいとしました。こうして食の「3種の神器」が決められました。

　4世紀には、修道院が作られ、断食の規定が加わりました。修道院の食事はパン、野菜、アルコールとなり、食事回数は一日一、二回となりました。また、この修道院では、体液病理説（四体液説）を採用しました。これにより、エジプトの修道士パコミウス（290頃〜346）がガルムを禁止して、パン、塩、水の食生活を規定しました。

　ローマ帝国は度重なる戦争、異民族の侵入や略奪、インフラの破棄などが重なった末、滅亡の憂き目にあったわけですが、ぶどう栽培は西ヨーロッパ世界へ受け継がれました。かくして、キリスト教に欠かせない食材が中世ヨーロッパ世界に受け継がれ広まっていくにともなって、パン・ワイ

ン・油も宗教儀礼に欠かせないものとして伝播していきました。

農民の食卓

　古代から中世にかけて、農民の食生活は比較的バランスの良いものにみえます。まず、穀類、豆類、野菜などの農作物が耕地で採れ、森で飼育された家畜の乳と肉が獲れました。特に牛を積極的に肉として食べるようになったことが古代からの変化です（前章までの古代では、牛は生贄用と農耕作業用がもっぱらです）。

　穀物の大きな変化では、小麦や大麦以外で効率よく栽培できるようになったライ麦とオート麦が人気となりました。それらは、小麦より下級品という認識がもたれたものの、農民たちの間でよく食べられるようになりました。ライ麦とオート麦は中世の食材といってよいでしょう。ただ、ヨーロッパ各地の土壌から収穫される穀物にバラツキがあり、イタリアではきび、中央ヨーロッパではライ麦、スコットランドではオート麦、イギリスでは大麦が比較的よく獲れました。

中世初期の料理書

　古代の料理書としては、第1～2章で挙げた『アピキウスの料理帖』が有名です。同書の内容を反映した料理書が中世初期に登場します。第一に5世紀にヴィニダリウス（生没年不詳）という人物が『エクセルプタ Apici Excerpta A Vinidario Viro Inlustri』というタイトルで料理書を編纂しています。ヴィニダリウス本人の略歴はわかっておらず、北イタリアで活動した東ゴート人だとみられています。また、『エクセルプタ』はアピキウスの料理帖の補遺という意味合いですが、実際には『アピキウスの料理帖』に載っているレシピとは異なる30のレシピで構成されています。

　続いて、アンティムス（475頃～525頃）の『食べ物に関する省察 De

Observatione Ciborum』です。6世紀前半に生きたギリシア人医師アンティムスは、ビザンツ宮廷を追われた後、ラヴェンナのゴート族の王テオドリック（454～526）の宮廷からイタリアに渡り、フランク王国の王テウデリク1世（485～533／534）にラテン語の論文『食べ物に関する省察』を献上しました。

これは、中世ヨーロッパで最初の食の関する論考であり、ビザンツ帝国からフランツ王国の食文化に関することも含んでいます。アンティムスはこの書で魚介類が一般的にビザンツ宮廷で食べられていたことやフランク人の習慣や好みの一例でベーコンを論じています。

本書は、ハチミツとビネガーを使う料理やワインとガルムを混ぜたソースなどの古代ローマの特徴を持つレシピとローマ料理にはない香辛料であるコショウ、ジンジャー、クローブが肉料理に使われたレシピとが記されていて、東西のローマという地理的条件と古代から受け継いだ料理法と新たな料理法が加わった非常に興味深いものでした。

ガルムの理解度、海との距離へ

クレモナ司教リウトプランドはなぜ「油で濡らし、魚から作られた何か最低の液体を撒き散らされた食事」と吐き捨てたのか。リウトプランドのこの言葉は中世初期のヨーロッパの味付けの鍵となっていると感じ、本章では何度もリウトプラウドがもたらした意味について考えていきます。ガルムについては、先の項目で四体液説の体液病理説に基づいて、キリスト教の修道院ではガルムを禁止したと書きました。これによって、クレモナ司教の立場であるリウトプランドがガルムを普段味わうことのない異質な液体だと感じられたことが理解できるでしょう。とはいえ、8～9世紀のコマッキオやジェノヴァの修道院では修道士の食用にガルムの記録が見られます。コマッキオもジェノヴァも港町です。やはり、魚醤ですから、海沿いの街にガルムを作るための作業場があるのが自然です。一方、クレモ

ナはイタリア半島の北部、ミラノとヴェネツィアという二大都市に挟まれた都市です。内陸部で、ガルム自体に縁遠い立地だということは否めません。リウトプラウドにとって異郷の味付けだと感じられたということが理解できるでしょう。

オリーブオイル vs ラード＆バター

　ローマ帝国の食文化にとって油とはオリーブオイルを指すものでした。帝国の領域にはオリーブが獲れる地域も多く、オリーブオイルだけで良かったのです。紀元前の共和政ローマの頃、カエサルは辺境の地に駐屯するローマ兵士のため、様々な食材を現地に根付かせて、オリーブを移植していきますが、気候に合わない農作物は現地の環境に適合できず、結果オリーブの栽培ができない地域は、輸入に頼ることになるわけですが、非常に高価となるため、ヨーロッパ北部ではオリーブオイルを一部貴族だけが許される貴重な油として扱われがちでした。

　オリーブオイルの代わりに急速に広まったのは、バターとラードです。「蛮族」にとって、遊牧と牧畜の文明の象徴ともいわれるこれらの食材は、古代ローマの時代では、貴族があまり使わない食材で、『アピキウスの料理帖』にもラードの記述があまり見当たりません。しかし、中世では一変します。

　ゲルマン人の一部族だったフランク族がガリアを統一し、ローマの社会を継承・融合する形でフランク王国を建国したのち森林での牧畜の価値が高まっていくと、自然とラードの利用価値も上がっていきます。アンティムスの『食べ物に関する省察』にも、「オリーブオイル」がない場合、ラードを使用するという記述が現れます。先に書いたように、この書ではビザンツ宮廷で食べられていたものやフランク人の習慣や好みのものと場所に応じて、民族の趣向や興味に応じて食材の利用法を書き分けていきました。

　こうして食材の栽培される立地と身分上の違いに応じて、はっきり分か

れていたオリーブオイルとラード及びバターは時代の経過とともに、混ざり合い、中世の流通システムに組み込まれていきます。その一つが四旬節です。この時期は獣に由来する食材は全て禁止されたため、この時期には、ラードやバターではなくオリーブオイルの使用が常態化します。

　リウトプランドのいたクレモナでは、ラードが一般的でオリーブオイルの使用は限定的だったのでしょう。ましてや「魚から作られた何か最低の液体」と混ざり合うオイルなんて理解の範疇を超えたものとなったことでしょう。

砂糖 —— 東西をつなぐ食材

　中世にヨーロッパに登場するのは砂糖です。アラビア人を通じて、中世初期にヨーロッパにもたらされました。最初は料理の際にビネガーやハチミツと併用して使われるようになりました。

　9世紀以降、ヨーロッパとオリエントを繋ぐ交易路の中で重要な拠点都市が登場します。ヴェネツィアです。ヴェネツィア商人はエジプトや東地中海からかなりの量の砂糖やシロップなどを輸入して、ヴェネツィアからヨーロッパのさまざまな国々へ輸出していきました。ヴェネツィアはビザンツ帝国経済圏での商業特権を与えられ、帝国内での活動を広げていったのです。新大陸（アメリカ）発見以前のヨーロッパにおいて、ヴェネツィアはアラビア半島やアフリカ北部からの貴重な食材を押さえ、ヨーロッパの物資の玄関口として機能していきました。

　当初、砂糖は医療用にとして使われ、砂糖を取ることでよい血液を作ることができると考えられていました。そのため、貴重な砂糖が集まるヴェネツィアの薬剤師は、医療としての側面から粗糖の精製から、シロップやジャムに至るまで、砂糖を作る技術に長けていたようです。

　このように、ヴェネツィアは歴史的にみても、他の都市よりも砂糖の扱いに優れていて、流通、精製、加工などあらゆる面で圧倒的に優位に立っ

ていました。ヴェネツィアのみならず、ヨーロッパで甘みといえば、古代からハチミツが使われていましたが、砂糖の流通量のが多くなってきたヴェネツィアでは、次第にハチミツから砂糖へと甘みの調味料が置き換わっていきます。そして他の都市でも砂糖の使用が増加していきました。

カール大帝の食卓

　9世紀の伝記作家アインハルトが伝えるところのカール大帝（742／747／748〜814）の食生活は次のようでした。大帝は節度ある食事をとっていましたが、それでも食を断つのは難しく、周囲に断食は健康を害するものだと事あるごとに訴えていました。

　カール大帝の食事は、猟師が串に刺して運んでくる肉のローストを除いては、おおよそ4回でした。大帝の一番のお気に入りはその串に刺した肉のローストで、ほかのどの料理よりも好んで食べていました。

　飲酒については、ワインに限らずあらゆる飲み物を控えめにしていましたので、1回の食事で飲む量はグラス3杯を超えることはなかったそうです。そして自分や家族が酒を飲んで酔っ払うことを嫌悪しました。

　そんな、カール大帝の逸話を紹介します。

> 亡くなる前の4年間、頻繁（ひんぱん）に熱を出していたことを除けば、健康状態は良好で、最後には片足を少し引きずっていた。医師は、彼が慣れ親しんだ肉のローストをやめて、代わりに煮込んだ肉を食べるよう進言したが、大帝は彼らを嫌悪した。
>
> (Einhard, "The Life of Charlemagne")

　カール大帝の健康を気遣って、医師は大帝に一番のお気に入りである猟師が串に刺して運んでくる「肉のロースト」をやめて、煮込んだ肉を味わうように勧めるのですが、大帝にとっては受け入れがたいアドバイスだったようです。亡くなる4年という記述もあるので、最晩年の810年から814

年あたりの貴重なカール大帝の食描写です。

　さて、医者が提案した煮込んだ肉料理は、一般的に農民の食として知られていて、通常塩漬けにしている肉を煮込むことで、塩の味も薄まり、肉もやわらかくなって、栄養価の高い肉汁を最大限に味わうことができるという優れものです。農民世界の食卓では、直火加熱のロースト料理は登場しませんでした。

　もしかしたら、このあたりもカール大帝が反発した点かもしれません。肉のローストを味わうことができるのは、貴族階層という少数の人々だけだったからです。

　そのようなわけで、カール大帝のお気に入り料理、串に刺した「肉のロースト」を味わってみましょう。カール大帝や他の多くの王や貴族が心を奪われたのが、焼き串で焼かれ、そこに特別なソースをかけて供された肉でした。9世紀当時の中世ヨーロッパの料理書は見当たりませんが、その前後の時代から類推することが可能です。

　アンティムスの『食べ物に関する省察』には、こんな肉料理のレシピが載っています。

　ウサギの場合は、コショウ、クローブ、ショウガを少し入れた甘いソースをかけ、プッチュクとスパイクナードまたはタマラニッケイの葉で味付けして食べる。ウサギは優れた食品であり、赤痢の場合には良く、その胆汁は耳痛のためにコショウと混ぜて飲むことができる。

（アンティムス『食べ物に関する省察』no.13）

　原文ではウサギとなっていますが、アンティムスの『De Observatione Ciborum』を英訳した食の歴史家ジム・シュヴァリエの『How To Cook an Early French Peacock』には、このミックススパイスを試すのにウサギ肉ではなく入手が便利な鶏肉も選択肢に入れた提案をし、「鶏肉とウサギのスパイス焼き」と訳しています。

『料理指南　Enseignemenz』より。
最も古いフランス料理書の一つ。おそらく専
門家によって書かれたものであり、14世紀の
はじめにフランスで登場した料理書の特徴が
みられる。（詳細は第4章参照）

　またカール大帝の時代から500年ほど経った1300年代初頭にフランスで
刊行された料理に関する資料をまとめた『料理指南　Enseignemenz』に
も鶏肉のローストについて記述されています。

> 去勢若鶏と雌鶏の肉はローストがうまい。夏はワイン・ソースで、冬はニンニ
> クとシナモンとショウガ入りのアーモンド・ミルクか山羊の乳に溶かしたアイ
> エ・ソースをかける。あるいは雌鶏を生の香草と塩とで煮る。あるいは去勢若
> 鶏と雌鶏はシナモン、ショウガおよび他のスパイスを入れ、溶いた卵黄を流し
> 込んだブルエにする。鶏肉をぶつ切りにして豚脂で炒める。その前にパンとサ
> フランと他のスパイス、それに肝臓をすり潰し、煮汁に溶かす。これを布で濾
> し、混ざり物のないワインでのばした溶き卵、サフランおよび他のスパイスを
> 入れて煮立てる。
>
> 　　　　　　　　　　　　　　　　（『料理指南　Enseignemenz』1-3-1）

　カール大帝の時代の直接資料ともいうべき料理書（レシピ集）がないた
め、5世紀と14世紀の料理書およびカール大帝の逸話から鶏の串焼きを類
推して作ります。どちらの料理書にも登場するショウガを軸にハーブとス

パイス、コショウ、そしてニンニクを加えてぶつ切りにして串に刺した鶏肉の両面にまぶして焼き上げます。

リウトプランドとビザンツ皇帝ニケフォロス2世フォーカスのカルニブス（ビザンツ風山羊肉煮込み）

　冒頭で屈辱にまみれた率直な感情を吐露し、ガルムとオリーブオイルのソースがかけられた料理を、不快な恥知らずな食事と断じるリウトプランドですが、それ以外にも、『コンスタンティノープル使節記』には様々なビザンツ料理について味わったり、眺めたりしている様子を記しています。ここで抜粋します。

1. 油で濡らし、魚から作られた何か最低の液体（ガルム）を撒き散らされた食事
2. ニンニク、タマネギ、ニラが詰められ魚のソース（ガルム）がふりかけられた小山羊
3. ニンニク、タマネギの匂いが強烈にした油（オリーブオイル）と魚のソース（ガルム）が加えられた台無しとされたもの
4. 風呂の水（松脂あるいは湯を混ぜて飲まれた濁ったワイン）
5. 堅パン
6. 2頭の羊

　上記の記述から、オリーブオイルとガルムの混合ソースをふりかけた小山羊の料理を作ってみます。コンスタンティノープルで食べられていた狩猟動物は、ギリシアやバルカン半島の山、そしてアナトリア中北部の黒海沿岸にあるパフラゴニアで獲れる山羊がありました。9世紀前半に執筆された『聖フィラレトス伝』にも「パフラゴニア人の地に」いた主人公フィラレトス——父親から受け継いだ多くの家畜を所有する資産家——が富の源泉の一つとして羊や山羊の群れを挙げています。アンティムスの『食べ物の観察について』には、山羊のレシピはありませんが、当時の肉料理の概念が書いてあるレシピがありました。

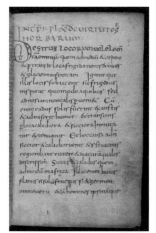

アンティムス　『食べ物に関する省察　De Observatione Ciborum』

牛肉は煮込んでもいいし、鍋で茹でてソースをかけてもいい。牛肉は新鮮な水で茹で、途中で水を足さなくてもいいようにする。肉が茹で上がったら、キャセロールに半カップの酸味の利いた酢を入れ、ネギとペニーロイヤルを少々、セロリの根とフェンネルを入れて、1時間ほど煮込む。その後、酢の半分の量の蜂蜜を加える。弱火で煮込み、ソースが肉によく絡むように手で鍋をよくかき混ぜる。次に、コショウを50粒、プッチュクとスピケナードをそれぞれ1/2ソリドゥス（1ソリドゥス＝4.88g）、クローブを1トレミシス（1トレミシス＝1/3ソリドゥスの意、約1.52g）ひく。これらの香辛料を土製の乳鉢で丁寧にすり潰し、少量のワインを加える。よく挽いた後、鍋に入れてよくかき混ぜる。火から下ろす前に、スパイスがそれぞれの風味を失い、その風味がソースに溶け込むのを待つ。蜂蜜の他にムストや濃縮ムストがある場合は、上記の指示に従って3つのうちのどれかを選んで加えることができる。土製のもので調理したら味がよくなる。

（アンティムス『食べ物に関する省察』no.3）

　こちらをアレンジして、絶望し打ちひしがれたリウトプランドがニケフォロス2世と味わった山羊料理を作ります。クレモナでは普段味わうことのない小山羊にニンニク、タマネギ、ニラが詰められて魚のソースが決め

手の異国の料理。おそらく歓待されていたら、この印象も異国情緒たっぷりで好意的な感想となったことでしょう。

ローマを受け継ぐ食材、中世から入ってきた食材

　本章では、10世紀に起きた東西の邂逅(かいこう)というエピソードを通して食文化も俯瞰(ふかん)することができます。神聖ローマ帝国皇帝オットー1世の代理人としてビザンツ帝国の首都コンスタンティノープルに赴いたクレモナ司教リウトプランドは屈辱にまみれた扱いを受けて、ビザンツ帝国の料理を酷評します。

　しかし、ビザンツ帝国の宮廷料理には、古代から続いたローマ帝国の料理のエッセンスがあらわれていたのです。ビザンツ帝国では、古代からの遺産ともいうべき食文化を継承していました。オリーブオイルとガルムを振りかけた『アピキウスの料理帖』に登場する味付けが見事なまでに受け継がれていたのです。

　西ヨーロッパでは、ローマの文化を継承しつつも、フランク王国の勃興と共にゲルマン的な食文化へ傾倒していきます。ローマ帝国の貴族があまり用いなかったラードやバターがふんだんに使用されていきます。また、中世に登場する香辛料がジンジャーやクローブでした。これらは中世初期の料理書アンティムスの『食べ物に関する省察』にも書かれ、ローマを受け継ぐ味つけと中世の時代から使われ進化していく味付けに大別できます。

　そして、この時代の新たな味覚の発展にはアラビア人とその食文化、そして交易路の存在を欠くことができません。砂糖の登場は緩やかに、しかし確かに古代の味付けからの新たな変化をもたらしたのでした。

　そんな本章―中世前期―の料理2品がこちらです。

　1．9世紀フランク王カール大帝の鶏の串焼き…王侯貴族だけが味わうことのできる串に刺した「肉のロースト」です。9世紀に料理書はありま

せんが、5世紀と14世紀の料理書から類推し、「カール大帝の逸話」の情報から料理を作ることができます。今回、鶏肉を選び、料理書に登場するスパイス、ショウガを軸にハーブとスパイス、コショウとニンニクで味付けし、焼き上げましょう。（レシピ233ページ参照）

　2．10世紀リウトプランドとビザンツ皇帝ニケフォロス2世フォーカスの山羊肉煮込み…『コンスタンティノープル使節記』から「オリーブオイルとガルムの混合ソースをふりかけた小山羊の料理」を作ります。アンティムスの料理書に肉の煮込み料理があるので、それをアレンジして作ることができます。（レシピ234ページ参照）

　こうして、「皇帝」称号問題という括（くく）りが大きな論点かと思われた『コンスタンティノープル使節記』はヨーロッパの東側と西側の味付けの断絶と継承がはっきりとあらわれていることがわかります。次章では、ヨーロッパの新たな脅威と進化をはじめた中世料理をひも解いていくことにしましょう。

第 **4** 章

タタールの脅威と
中世料理の確立

12〜14世紀

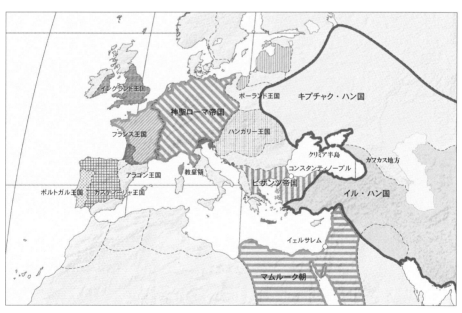

13世紀のヨーロッパ

モンゴル帝国の
征服と支配

西タルタル人の最初の君主はサインで、とても偉大で強力な王だった。このサイン王は、ロシエとコマニエとアラニエとラックとメンジァルとジックとグティアとガザリエを征服した。これらの地方は全てサイン王が征服した。彼が征服する前は、これらはみなコマン人［の支配下に］あった。しかし彼らは皆一つになっていなかったし、団結もしていなかった。それで土地を失い、様々な世界に追い散らされた。［追い散らされ］ずに今もそこにいる者たちは皆、このサイン王に隷属している。

（マルコ・ポーロ／ルスティケッロ・ダ・ピーサ
「世界の記」（通称「東方見聞録」）フランクイタリア語版より）

　1236年、チンギス・ハン（1162頃〜1227）の孫でキプチャク・ハン国の実質的な創設者バトゥ（1207〜1255）率いるモンゴル軍がロシア中南部の各都市を蹂躙し、4年後にはキエフを征服して350年以上続いたキエフ・ルーシを町ごと滅亡させました。ロシアの各領主はウルス（モンゴル語で「国家」「人々」を意味し、政治的に結集した遊牧部族のこと）から自治を許された代わりに貢納をする事になりました。

　前掲したマルコ・ポーロ（1254〜1324）の『東方見聞録』に登場するサイン王はバトゥのことで、「賢明なる王（サイン・カン）」という意味でした。引用の通り、バトゥはロシア（ロシエ）、コマニエ（ロシア南部キプチャク草原）、アラニエ（カスピ海西北岸からカフカス地方）、ラック（カフカス・ダゲスタン地方）、メンジァル（＝マジャール即ちハンガリー地方）、ジック（チェルケス地方＝黒海沿岸から内陸部にかけてのカフカス

山脈北西部）、グティア（クリミア半島）そしてガザリエ（クリミア半島およびカスピ海北岸からカフカス、黒海沿い）と非常に広大な地域をすべて征服したのです。

　このキプチャク・ハン国、あるいはジョチ・ウルスとも呼ばれるモンゴル系国家による支配を、ロシアでは否定的な意味を込めて「タタールのくびき」と呼んでいます。それはおよそ1240年代から1480年頃まで200年以上にもおよびました。それまでビザンツ帝国の影響を受けて栄えていたロシアの文化はこれにより大きな打撃を受けました。モンゴル軍に抵抗した都市は住民全員の処刑が当たり前で、当時の記録にはその徹底的な破壊が伝えられています。なお、「タタールの」とつく歴史用語に「タタールの平和（パクス・タタリカ）」もありますが、こちらは13世紀にモンゴル帝国がユーラシアを支配したことによって政治的安定がもたらされたことを指しています。

マルコ・ポーロが見たロシア飲食事情

　マルコ・ポーロの『東方見聞録』にはロシア地方とその人々について述べた文章も残されています。そのなかでも、ゼラダ手稿にはロシアの飲料や居酒屋での人々の過ごし方が書かれていますので、ここで引用します。

　蜂蜜と黍（きび）から完璧な酒を作り、これはセルベシアと呼ばれる。このセルベシアで次のように大酒盛りをする。すなわち男女、とりわけ貴人と金持ちの多くのグループをつくる。…（中略）…。また、もっぱらこのセルベシアを売る居酒屋の亭主とでも言えるような者もいる。これらグループは、この居酒屋に行って一日中飲んで過ごす。彼らはその酒盛りをストラヴィザという。夕方には居酒屋の亭主が、彼らが飲んだセルベシアの勘定をし、それぞれ自分と、一緒にいたなら妻子の分を払う。

（マルコ・ポーロ／ルスティケッロ・ダ・ピーサ
「世界の記」（通称「東方見聞録」）ゼラダ手稿より）

セルベシアという単語の意味は大麦の飲み物ですが、「ハチミツと黍<ruby>黍<rt>きび</rt></ruby>」から作る酒とあるので、おそらくミョート（мёд、ロシア語でハチミツ酒）のことでしょう。現在でも、「ロシア人といえば大酒飲み」というイメージがありますが、マルコ・ポーロの時代からそうでした。

　ちなみに、マルコ・ポーロが紹介している「ストラヴィザ」という言葉は、ズドラヴィツァ（zdravitsa, Здравица）とも言い、元々ロシアに古くから伝わる儀式で、乾杯に合わせて「健康」を意味する言葉を唱和するものでした。同様の例として、フランス語のサンテ（sante）やスペイン語のサルー（salud）という語はいずれも「健康」を意味する単語です。「健康のために乾杯！」と意味を込めて、声を上げると言えばわかりやすいでしょうか。つまり、ストラヴィザは健康、乾杯の意味に加えて酒盛りという意味も付いたということです。ここで少し歴史をさかのぼり、ロシアの食についてお話しします。

中世ロシアの食事情

　ロシアという国が歴史上に現れるのは9世紀のことです。現在のウクライナの首都、キエフに、ノルマン人の一派ルーシ人が建国したキエフ・ルーシ（キエフ公国）が源流となっています。860年にルーシ人——ビザンツ帝国の人々は「ロス」と呼んでいました——の船団がコンスタンティノープルを襲撃して以降、他勢力に対抗するべくビザンツ帝国とルーシ人の間の軍事協力が生まれ、コンスタンティノープルでの商取引の実施、そしてビザンツからキエフ・ルーシの王への宗教伝道などを行なった結果、ロシアでは従来のペルーンやヴォロスといった神々を信仰する社会から、キリスト教圏へと徐々に変化していきます。

　この頃の食事情がわかる資料にロシア版古事記とも言うべき『原初年代記』が挙げられます。850年から1110年までのキエフ・ルーシの歴史について記されたこの年代記には食べ物に関する項目もあり、そこにはパン、

ハチミツ、豆、穀物、果物といった単語が登場しています。近代以前のロシアでは、農耕と採集によって食材を得ていました。農作物では、キャベツ、キュウリ、カブ、タマネギ、ニンニク、ニンジン、ビーツ、リンゴ、梨などが取れていました。そして、肉、魚、キノコ、ベリー類、ナッツなども食卓に並びました。

　キリスト教への改宗による食文化との関係にも言及しておきます。ルーシが改宗したこのキリスト教は「東方正教ギリシア正教」だったため、日常生活での厳格な規定がありました。肉・魚・卵などを一切口にしない禁欲日が、「西方教会（ローマ・カトリック）」よりも多くあり、通算すると数か月にわたって信徒は強い食事制限を受け続けます。ところが、さすがにこれでは動物性タンパク質が足りなくなるので、聖職者は厳しい戒律を守るものの、農民などの一般庶民は、禁欲日でも魚食が認められるようになりました。

　もともと魚とキリスト教には深い関係があります。偶像崇拝を禁じていた原始キリスト教ではイエスを魚で表すこともありました。ていた事も両者の関係の深さを示しています。この結果、キエフを流れるドニエプル川や「ロシアの母」とのちに呼ばれるヴォルガ川で豊富に捕れる魚を食べる文化がロシアに根付いていきました。

「タタールのくびき」から新しい文化へ

　13世紀に始まるモンゴルの支配により、ロシアに新しい文化がもたらされます。遊牧でも戦闘でも常に馬とともに生活するモンゴル人は家畜の扱いに長けていて、モンゴル高原から西へカザフ草原やアラル海、カスピ海の北方を経由して黒海北岸へ達する交易路を保護しました。今のロシア南部やウクライナには草原地帯のステップが東からつながって広がっています。この「草原の道（ステップ・ロード）」は、紀元前からスキタイ人をはじめとする騎馬民族が往来していた空間でした。牧畜と肉食を中核とす

る文化がユーラシアをまたぐ形で広がっていたのです。

　本来は馬肉で、やがて牛肉でも作られたタルタルステーキは、モンゴルの風習がきっかけでした。

　一方、15世紀にモンゴル支配を終わらせる勢力を生み出すモスクワのあたり（ロシアの中部や北部）は森林地帯でした。こちらではキノコやライ麦、小麦などの伝統的な食生活が色濃く残ります。今でもモスクワ市民は週末になると郊外に出かけ、森の中にあるダーチャ（菜園付きの別荘）で小さな畑を耕すのが娯楽で、かつ生活に必要な作業です。

　草原と森林、この２つの地域はのちのロシア帝国の食文化を豊かにし、その一方でのちのウクライナとロシアの微妙な違いも生んでいきました。

シベリアの食べ物：ペリメニ

　ロシアの水餃子ともいうべきペリメニ。これは、タタールのくびき、もしくはタタールの平和がもたらした料理といっていいかもしれません。ペリメニの起源は、はっきりとはわかっていません。歴史家が唱える説の1つに、10世紀から13世紀にかけてモンゴル族が中国の領土を征服した際に、中国から中身の詰まったダンプリング——具の有無を問わず生地を丸めた団子状のものをゆでたりあげたりしたもの——の作り方が中国からロシアに伝わったというものがあります。つまり、チンギス・ハンが東西へ領土を拡大していくなかで、中国の餃子（ジャオズ）がヨーロッパまで到達し、さらにバトゥのロシア支配によりシベリアや東ヨーロッパの大部分でも作られ始めたというものです。この仮説を補強する材料として、シベリアではペリメニの中身の味付けに黒コショウを使う伝統があります。黒コショウは、13世紀から14世紀にかけてモンゴル人によってシベリアに持ち込まれた香辛料でした。

　また、ペリメニという単語からその起源が辿れるという説もあります。フィン・ウゴル語派のコミ族（ウラル山脈の西部、東ヨーロッパ平原の北

東部の部族）やマンシ族（シベリア北西部の少数民族）の言葉に、「ペリニャニ pel'nyan'」があります。その意味は、ペリ（pel'）が耳（ear）をニャニ（nan'）がパン（bread）で、「耳の形をしたパン」です。特にペリニャニのニャニにはパンの意味以外に、小麦粉から作られたものという意味も持ちます。つまり、モンゴル人が到達する以前からウラル山脈の西側に住んでいたコミ族やマンシ族が作っていたものにモンゴル人がもち込んだ黒コショウが加わって西側へと広がったという説です。

それ以外に13世紀から14世紀にかけて中央アジアからシベリアやヨーロッパ・ロシアの東部に広まったとする説もあります。様々な説があるものの、タタールのくびきもしくはタタールの平和がきっかけで一気にヨーロッパの世界にダンプリングがもたらされたと言えるでしょう。

そのような起源のため、10〜15世紀における中世シベリアの「ペリニャニ」レシピは存在しません。そこで、16世紀ごろのペリメニのレシピをひも解きながらまとめていくことにします。

いくつかの資料によると、軟質小麦にバターミルクやホエー（乳清）を混ぜて、卵を加えて生地を作ります。ウラル地方ではウズラの卵を、それより南の草原ではウズラやノスリの卵を使っていたようです。通常は強力粉と水を使いますが、軟質小麦という記述から中力粉、もしくは薄力粉、牛乳とバター、そして熱した牛乳にビネガーを加えて分離してできる液体ホエーを加えて生地を作りましょう。

続いて、詰め物（ナチンカ начинка、「具」の意）です。シベリアのペリメニでは、具材が甘くなく塩味という特徴があります。そして、伝統的なペリメニには、2〜3種類の肉を組み合わせた生肉のミンチを、タマネギ、塩、黒コショウで味付けしたものを詰めます。肉には牛肉と豚肉に加え、ラム肉、マトン肉、鶏肉、馬肉、トナカイ、野生動物などが使われます。今回は、牛肉、豚肉、羊肉をミンチしたものをシベリアの「ペリニャニ」として作っていきましょう。タタールがもたらしたシベリアからの贈り物。通常のペリメニや日本の餃子と食べ比べながら味わってみるのも一

4

タタールの脅威と中世料理の確立

興です。

「タタールの平和」とマルコ・ポーロの時代

　先ほど、モンゴル帝国がユーラシアを支配したことによってもたらされた安定した時代 を「タタールの平和」と書きましたが、ヨーロッパの旅人たちにとっては束の間ともいうべき貴重かつわずかな時間でした。13世紀後半の50年間だけが、ヨーロッパから東方世界への旅行に絶好の機会でした。モンゴル帝国のハーンの下には仏教圏、イスラム圏、そしてキリスト教圏の使節がモンゴルとの提携を目指すべく数多く訪れていたのでした。

　モンゴルの支配者は、どの勢力にも取り込まれないように細心の注意を払い、彼らに常に冷ややかな対応をとりました。そのなかにあって、モンゴル帝国のジャムチと呼ばれる駅伝制や紙幣のシステムにいち早く気づいた商人たちの存在を、支配者たちは気に入って、歓待しました。たとえば、マルコ・ポーロの優れた観察眼に、一目置いた元王朝初代ハーンのクビライ（1215〜1294）は、彼を行政官に登用しています。そのおかげで、マルコ・ポーロは子細な記録ができたわけです。

　そんな貴重な東西交流ですが、マルコ・ポーロがイタリアに帰還した1295年前後、東西の往来に制限がかかる出来事が起こりました。第1回十字軍がきっかけで建国されたキリスト教国のイェルサレム王国は、首都イェルサレムを中心に、エデッサ、アンティオキア、トリポリに封建国家を建設し、一時はシリアまで領土を拡大させますが、次第にイスラム勢力の反撃を受けました。1187年、イェルサレム王国はヒッティーンの戦いに敗れ、アイユーブ朝のサラーフ＝アッディーン（1137／38〜1193）に首都イェルサレムを奪われてしまいます。その後、拠点をアッコン（アッカ）に移すも、1291年にイスラム勢力のマムルーク朝によって陥落しました。結果、ヨーロッパの旅行者たちがメソポタミア、ペルシア地域のイル・ハン国に向かうには、マムルーク朝の動向に気をつけなければならず、旅行者

たちの旅の危険度は高まりました。

　1261年にビザンツ帝国の亡命政権ニカイア帝国が東方への拠点となるコンスタンティノープルをラテン帝国から奪還し、ビザンツ帝国がこの地に再興されました。それ以降、アナトリアでビザンツ帝国とセルジューク朝との衝突が頻繁に起こり、緊迫感が漂いました。13世紀末には、トルコ人の遊牧部族長オスマン1世（1258～1326）がアナトリア西北部の都市ビレジクに登場し、ますます混迷の色合いを深めていきます。そしてマルコ・ポーロが旅したようなヴェネツィアからコンスタンティノープル経由で黒海沿岸、カスピ海沿岸を抜ける中央アジアのルートで東方に旅行することは困難となりました。

　異邦人に寛容で国際色豊かなモンゴル帝国も、14世紀以降は分立した3ハン国（キプチャク・ハン国、イル・ハン国、チャガタイ・ハン国）がイスラム色を強めていき、マルコ・ポーロのような商人にとって冒険心をくすぐる旅行をすることは限りなく不可能に近いものとなりました。

14世紀の旅行記

　それでも、ヨーロッパから東方へ向かう旅行者がゼロになったわけではありません。中世イングランドの騎士ジョン・マンデヴィル（？～1372）は14世紀後半に『東方旅行記（マンデヴィル旅行記）』を刊行しています。旅行記は2部構成となっていて、第1部ではビザンツ帝国の首都コンスタンティノープルから南下して、シナイ砂漠の修道院を訪れています。第2部は、インド、中国からジャワやスマトラに向かう旅行記で、壮大な空想の世界が描かれています。そこには、巨大なカタツムリや、インド洋の島々に住む一つ目族、宝石の川などが登場します。中世の人々の「想像の中の世界」を色濃く反映した産物といえるものですが、マンデヴィルの本で重要なのは、一方向に進んでいくとやがて反対側から出発地に戻れるという主張（世界一周が可能）でした。これこそがクリストファー・コロン

ブス（1451〜1506）などの後世の冒険家に強い影響を与えて原動力の一つ
となったのでした。

中世の料理書

　中世後半に入ると、ヨーロッパ諸国で様々な料理書が登場しました。ま
ずは、フランスです。第３章のカール大帝の料理（66ページ参照）で引用
した1300年代初頭にフランスで刊行された『料理指南』です。1306年に書
かれた『外科論考 Traité de chirurgie du genou』と同じ手書き本に挿入
されています。『料理指南』は、取り上げる食材を大型の獣、小型の獣、
家禽、野鳥、海水魚、淡水魚に大別し、それぞれの食材の種類とスパイス
の相性、ソースの作り方を記しているのが特徴です。『料理指南』の存在
により、中世後期にフランス料理が発展し、技術の集積が進んだことがわ
かります。

百年戦争のはじまり

　1337年、イングランド王のエドワード３世（1327〜1377）は、母親イザ
ベラ・オブ・フランス（1295〜1358）がフランス王の娘であることを根拠
に、ヴァロワ朝の初代フランス王フィリップ６世（1293〜1350）に対して
フランス王位を請求しました。この主張に対し、フィリップ６世は、スコ
ットランドと呼応して、イングランド王からのアキテーヌ公領（フランス
のアキテーヌ地方）没収を宣言します。エドワード３世はフランスに宣戦
布告し、百年戦争がはじまりました。1453年の７月に終結するまで断続的
に続きました。

中世フランスの偉大な料理人タイユヴァンの登場

　百年戦争に前後して、ヴァロワ朝3代の王に仕えた偉大な料理人があらわれます。タイユヴァンこと本名ギョーム・ティレル（1310頃〜1395）です。タイユヴァンは、14世紀に様々な貴族の厨房で雇われました。まず、1326年「端麗王」シャルル4世（1294〜1328）の3番目の王妃ジャンヌ・デヴルー（1310〜1371）の戴冠式に関わる文書に厨房丁稚の一人としてその名前が記録されています。

　その後、彼は料理人としての地位を高め、1346年ヴァロワ朝初代王で「幸運王」のフィリップ6世のクー（料理長）、1368年「賢王」シャルル5世（1338〜1380）のプルミエ・クー（筆頭料理長）、そして1381年「狂王」シャルル6世（1368〜1422）のエキュイエ（調理場部門の管理職）に任じられました。

　タイユヴァンの著作『ヴィアンディエ（料理人の書）Le Viandier』は1392年以前に書かれた料理書で、14世紀のフランスにおいて貴族がどのような料理を味わっていたかを垣間見られる貴重な資料です。料理書に記された食材は肉からはじまります。大型獣として牛、豚、羊と続き、鹿、猪、若鶏、野ウサギ、そしてジビエ（野生鳥獣の食肉）です。ジビエでは、ヤマウズラ、雉、孔雀、白鳥など野生鳥の記述が多くみられます。魚は海水魚と淡水魚が明確に区分され、淡水魚では、カマス、スズキ、鯉、ウナギなどが、海水魚では、生鯖、生鮭、カレイ、ヒラメ、鯛などが記述されています。そして、その食材に合わせたソースをレシピに載せています。ソースはカムリーヌ・ソースや黄色いコショウ・ソースなど13種類が記されていて、液体に多量のスパイスをすりつぶし、堅くなったパンを細かく砕いて混ぜ合わせてソースにしています。ソースに使うスパイスを多用するのも特徴です。本書には、ジンジャー、シナモン、クローブ、コショウ、サフラン、ナツメグ、クミン、サフランなど豊富な種類が記されて、砂糖、塩、パセリ、マスタード、ニンニクもスパイスと見なされて混ぜ合わせて

使われました。砂糖はヴェネツィアから輸入するルートでヨーロッパ各地に届けられました。

このようなスパイスを多用する中世フランスのレシピは各国の宮廷にも影響を与え、当時のフランス宮廷と似通った料理が各国の貴族の食卓に上っています。百年戦争でヴァロワ朝と戦ったプランタジネット朝の祝宴でも、スパイスを多用した宮廷料理が登場します。

『ヴィアンディエ』は、15世紀に入ると、活版印刷の普及により、版を重ねていきます。その都度、新しい料理が加えられ、スパイスの流行り廃りや使用量の変遷など、その時の好みを反映しながら更新されることで、中世料理の集大成となりました。

パリの家政書

『ヴィアンディエ』と同時期に登場した料理書には1393年刊行の『メナジエ・ド・パリ（パリの家政）Le Mesnagier de Paris』があります。こちらは厳密にいえば家政書です。

14世紀末に、パリの裕福な中年の市民が15歳の年若い妻に対して、愛をこめて書いた道徳論と家事指南をまとめた本です。食の話題は全体の三分の一ほどで、パリの市場での肉の購入法、食材の仕入れ方、基本的な食の献立、肉の日と肉断ちの日（小斎）の様々なポタージュの煮込み方、ソースの作り方などが書かれています。

王室という特殊社会の食事情をまとめた料理書『ヴィアンディエ』と妻に向けた家政書の一部である『メナジエ・ド・パリ』では、書かれた意図が異なり、身分による料理の差もはっきりとわかるものでした。しかし、先に紹介した1300年代初頭刊行の『料理指南』と併せて、14世紀を代表するフランスの料理書としてどれも非常に意義深い３冊です。

黒死病到来

百年戦争も10年ほど経過した1347年、黒海沿岸や地中海東岸部からヨーロッパへ侵入した腺ペストと考えられる疫病が南イタリアやフランスの港町を襲いました。この黒死病のまん延により、エドワード3世の第3子ジョアン（1333〜1348）――カスティーリャ王ペドロ1世と婚約――が、カスティーリャへ嫁ぐ途上のフランス・アキテーヌ地域（フランス南西部）で罹患し死去しました。

そして、黒死病は1348年8月イングランド南部のウェイマスに上陸し、11月にはロンドンに到達しました。イングランドでは、1350年に戦争を一時中断するほど犠牲者を出しました。犠牲者は農民、特に農民の子どもや下級聖職者で多く出ました。1361年、69年、74年にも同様の流行が見られ、場所によっては人口の三分一程度を失うほどの被害が出ました。

当時、農民の食事はパンや野菜などのごった煮で、パンは最も効率よくカロリーが摂れる食料でした。黒死病の流行にともない、人口減が進み耕作が放棄された場所も増えました。村が消え耕地は牧羊地へ転用されるなど、劇的な変化もありました。

ケルトから浮かびあげるアーサー王物語の食卓

中世の騎士道物語として名高いアーサー王文学の父と評される韻文物語作家クレチアン・ド・トロワ（1135頃〜1185頃）の遺作として知られる『ペルスヴァルまたは聖杯の物語』には様々な料理や飲み物、そして食材が登場します。少し挙げてみるとカラス麦、小麦、ワイン、リンゴ水、鹿肉パイ、白パン、塩漬けのベーコン、コショウのきいた鹿の腿、ナツメヤシ、イチジク、ナツメグ、クローブ、ザクロなどです。そして現在「聖杯」として知られるようになった「グラアル」のなかにも料理が入っていたのでした。ちなみに、聖杯に対応する古フランス語グラアルの原義は「広口

でやや深めの杯」となります。

ただし、グラアルの中にカワカマスとか、ヤツメウナギ、鮭などがあったと思ってはならぬ。あの器で運ばれ供されるのは聖餅<ruby>聖餅<rt>ホスチア</rt></ruby>のみ。

（クレチアン・ド・トロワ『ペルスヴァルまたは聖杯の物語』6420-6423行）

　まず、どういう状況だったのか整理してみます。本作の主人公であるペルスヴァル（Perceval、英語名パーシヴァル）は数人の騎士に出会ったことがきっかけで、アーサー王の宮廷にて騎士になることを誓います。ある時、漁夫王の館に招かれたペルスヴァルは、一人の乙女が両手に金のグラアルという器を持ち、もう一人が銀のタイヨワールと呼ばれる肉切台を持ってやってきたのを目にします。その光景を見たペルスヴァルは、グラアルの中に入った料理は誰に供するものなのか疑問に思いましたが、周囲の人々には訊ねませんでした。これより前に出会った賢い騎士が発したあまり喋りすぎないように気をつけよという忠告を思い出していたからです。そして、誰にもそのことを話さぬままペルシヴァルは眠りにつき朝まで眠りました。起きると、館には人影一つ見当たりませんでした。

　こんな夢のような出来事に遭ってしまったペルスヴァルはグラアル探索の旅に出かけることとなりました。なんと５年もの時間が経過した後、隠者に出逢い引用したグラアルの料理の秘密を聴いたのでした。クレチアン・ド・トロワはグラアルの中に入っているものは、聖餅<ruby>聖餅<rt>ホスチア</rt></ruby>つまり、キリスト教世界の料理と確定づけています。

　前章で記した通り、ホスチアの原義は「生贄」でした。その後、キリスト教世界でホスチアという言葉が聖餐用のパンという意味に変容しました。そしてキリスト教世界の中でも、東方正教会とカトリック教会では聖餐用のパンこと聖餅（ホスチア）は異なりました。前者がイースト菌を用いた発酵パン、後者が薄いウエハース状のものだったとされています。

　クレチアン・ド・トロワの『ペルスヴァルまたは聖杯の物語』以外にもグラアルを用いた料理が登場する作品があります。クレチアンの『ペルス

ヴァル』の続編となる作者不明の『第一続編』（Première continuation）
では、ゴーヴァン（Gauvain、英語名ガウェイン）が「誇り高き城」で食
事が用意されている部屋を見つけ、そこには銀製のグラアルが100個あり、

それぞれのグラアルに猪の頭が入っており、かたわらにコショウが入っ
た容器が置かれていたとあります。

今回は、中世フランス文学研究者のフィリップ・ヴァルテル氏が唱える
キリスト教世界の料理（聖餅）に置き換わる前の魚（カワカマス、ヤツメ
ウナギ、鮭）、そのなかでもケルト神話で聖なる役割を担った魚である鮭
の料理を作ります。

ケルト神話の信仰の中で最も敬われるのは鮭です。鮭はアイルランドや
ウェールズの神話では知恵と知識の象徴で、食べたものにあらゆる知識を
与える存在でした。例えば、アイルランドのフィン物語群で、鮭を焼いて
いる最中に親指に火傷をして、その傷をなめたフィン・マックールは、食
べたものにあらゆる知識を与えるという知恵の鮭を食べたあと、親指をな
めることによって知恵を得られる「知識の親指」を手に入れます。

そんな鮭料理は、クレチアン・ド・トロワの活躍した12世紀から2世紀
ほど下った14世紀にタイユヴァンが記した料理書『ヴィアンディエ』にも
レシピが載っています。

> 生の鮭　切り捌く。焼くために背骨は残しておき、つぎに身を切り分け、水
> でワインと塩とで煮る。黄色いコショウ・ソースないしカムリーヌ・ソースで
> 食べる。
>
> （森本英夫『中世フランスの食』「第2部　第二之膳『ヴィアンディエ』」）

実は、1393年刊行の家政書『メナジエ・ド・パリ』にもこれと同様の鮭
のレシピが載っています。おそらく、『メナジエ・ド・パリ』の作者も『ヴ
ィアンディエ』のレシピを読んで、年若い妻に作ってもらおうと思ったの
でしょう。

ここで気になるのがカムリーヌ・ソース（cameline sauce）です。中世

『ヴィアンディエ』の表紙

後半にヨーロッパ全域で使われていたソースで、現代のマヨネーズやケチャップのように人気でした。ソースの色合いがらくだ（camel）色だったので、この名前がつけられたそうです。

14世紀フランスのカムリーヌ・ソースは、『ヴィアンディエ』に載っていて、ジンジャー、シナモン、コショウなどのスパイスをビネガーとヴェルジュ（未熟な緑色のぶどうから作った調味料）に浸した堅焼きパンに加えて作ります。カムリーヌ・ソースは時代や地域で加えられたスパイスや食材が変わっているのも特徴で、15世紀フランスやイングランド、そしてイタリアでも少し異なる香辛料や調味料で作ります。

このグラアルの中に鮭や猪の頭を所狭しと入れて、グラアルの料理を作り上げましょう。

最後の王リチャード2世と中世の料理書

プランタジネット朝最後の王リチャード2世（1367〜1400）の治世にあたる1390年頃に、王のリクエストに応えて宮廷料理長がイングランド初の料理の指南書『ザ・フォーム・オブ・キュリー（料理の方法）　The forme of cury』を作りました。この料理書でも、四体液説という4つの体液（血液、黄胆汁、黒胆汁、粘液）のバランスが良ければ健康であるという体液病理説（四体液説）の考えに従って、すべての食材は寒・暖・乾・湿の性質を持つことを提示しています。

ちなみに、リチャード2世の頃も百年戦争継続中でしたが、戦争には興味を示さず、武功を上げる志もなく、もっぱら芸術や詩、食事に関心をも

ちました。そんなリチャード2世の祝宴で記録に残っているのは、1387年9月にリチャード2世とランカスター公ジョン・オブ・ゴーント（1340〜1399）を主賓として開催されたものです。1コース10品で3コース登場し、鹿肉のフルメンティから装飾菓子までの計30品です。ジビエと鶏肉のローストが多い印象です。

　さて、リチャード2世の最後は廃位と幽閉でした。ランカスター公ジョンの没後、ランカスター公領は息子ヘンリー・ボリングブルックが継承することになっていたのですが、リチャードは公領の召し上げを命じます。この一件により貴族層は離反、リチャードは逆に投獄されました。一方、ボリングブルックはヘンリー4世（1367〜1413）として王位に就き、新しくランカスター朝を開きました。

ヘンリー4世のウェストミンター寺院での饗宴料理

　ランカスター朝を開いたヘンリー4世の戴冠式に出されたメニューをみてみましょう。3つのコースから成る43品が記載されています。

コース1

ミートのペッパーソース煮／王様好みの肉／きばのついた猪の頭／大戦車を模して／白鳥のひな／丸々と太ったケイポン（去勢した雄鶏）／雉／青鷺／骨髄と果物のカスタード・タルト／ちょうざめ、大きな淡水かます／装飾菓子

コース2

鹿の肉のフルメンティ煮込み／ゼリー／詰めものをした豚の丸焼き／孔雀／鶴／鹿の肉のロースト／兎／五位鷺／若い雌／大きなタルト／肉のソテー／ランパルド風カスタードのデザート／装飾菓子

鶏または魚の薄作り／まるめろのシロップ煮／白鷺／だいしゃくしぎ（しぎで最大のモノ）／いわしゃこ（山鶉系統）／鳩／鶉（うずら）／しぎ／小さな鳥／兎／金のりんご／チーズ入りカスタード／金の卵／フリッター／甘いタルト／小さい梨／鷲／ゆりを模したデザート／装飾菓子

（マドレーヌ・P・コズマン『中世の餐宴』）

　今回はこの中から、フルメンティを取り上げます。リチャード 2 世の料理長がまとめた『ザ・フォーム・オブ・キュリー』にもレシピが載っています。それどころかフルメンティは、フランスの料理人タイユヴァンが同時期に著した『ヴィアンディエ』にも載っていて、ほぼ同様のレシピです。同時代の宮廷で流行った料理といえるでしょう。フルメンティの語源はラテン語のフルーメントゥム（frumentum）で、穀物の意味です。『ザ・フォーム・オブ・キュリー』のレシピを見てみましょう。

　きれいな小麦を殻がなくなるまでよく砕く。新鮮なスープストック、アーモンドのミルクか牛乳を加えて煮詰め、卵の黄身を加える。それを少しの間ゆでておき、鹿肉や羊肉と一緒に出す。

　今回、鹿肉のフルメンティですので、煮込んだ鹿肉を最後に加えましょう。新鮮なスープストックは鹿肉の煮汁を使いたいです。また、1381 年の『ザ・フォーム・オブ・キュリー』の試作版にはサフランの使用が記されているので、今回はそちらを加えました。

　ヘンリー 4 世の戴冠から 4 か月後の 1400 年 2 月、リチャード 2 世は獄中でひっそりとこの世を去りました。プランタジネット朝の終わりとランカスター朝のはじまりとなった 1400 年。二人が祝宴で味わった鹿肉のフルメンティをご賞味ください。

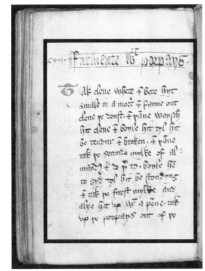

写本にみられるフルメンティのレシピページ

写本の中のフルメンティ

中世料理の確立

　前章で見られたように、中世には、古代ローマから継承した味に新たに登場した香辛料（塩、砂糖を含む）が加って確固とした「中世」という時代の味が作り上げられていき、本章の中世後期で貴族の味が確立された印象です。

　また、ヨーロッパに脅威が迫った時代でもありました。モンゴル帝国のユーラシア支配は短時間で一気に進められたので、ヨーロッパの脅威となり、特にロシアでは「タタールのくびき」という名称を使い支配された時代だととらえられています。一方、「タタールの平和」がもたらした一時的な均衡状態により、マルコ・ポーロなどの商人たちは東方のアジア地域へ安全に旅ができました。当時の中国の印象をまとめたことで知られている『東方見聞録』には、ロシアも詳細に記録されています。現代と変わらず、非常に寒く、大酒飲みで、お酒を肴にグループで語らい合うロシアの姿がありありと描かれています。

　そんな近代以前のロシアでは農耕と採集で食材をえて、現代にも続くキャベツ、きゅうり、かぶ、タマネギ、にんにく、にんじん、ビーツ、りんご、梨などが取れていました。また、ロシアでは「東方正教」へと改宗したため、肉・魚・卵などは一切口にしない禁欲日が設けられるなど日常生活での厳格な規定がありました。

　他方で、フランスでは中世的な色彩のある料理が新しく考案され14世紀に複数の料理書が登場します。特にヴァロワ朝の各王の料理人を務めたタイユヴァンが著した『ヴィアンディエ』は中世フランス貴族の調理法と料理がまとめられた集大成の書といえるでしょう。現在と大きく変わらない牛、豚、羊と続き、鹿、猪、若鶏、野ウサギ、そしてジビエ（野生鳥獣の食肉）や海水魚と淡水魚の食材とそれに合わせたソースを載せているのが特徴です。フランス貴族料理は、ジンジャー、シナモン、クローブ、コショウ、サフラン、ナツメグ、クミン、サフランなどのスパイスを豊富な種

類多用するのが特徴です。

　こうした特徴は百年戦争の敵国であったイングランドでもレシピに現れていて、1390年頃刊行の『ザ・フォーム・オブ・キュリー』には、『ヴィアンディエ』とほぼ同様のレシピが載っています。

　本章、12〜14世紀（中世後期）を代表する料理は３品です。

　１．ペリメニ：シベリア発肉入りダンプリング…タタールのくびきもしくはタタールの平和がもたらした料理。諸説あるものの、それがきっかけとなり、ヨーロッパの世界にダンプリングがもたらされました。詰め物に黒コショウが加わっているのが特徴です。（レシピ235ページ参照）

　２．鮭のワイン煮カムリーヌ・ソース添え…アーサー王伝説の食卓をお届け。聖杯の原義となったグラアルに入っていた料理は何だったのか。キリスト教的な位置づけで聖餅と作品では語られていますが、それを取り払いケルト神話に登場する鮭伝説から『ヴィアンディエ』のレシピでグラアルの料理を構築しました。（レシピ236ページ参照）

　３．中世ヨーロッパ粥〜14世紀英国式〜…リチャード２世やヘンリー４世が味わった中世ヨーロッパ粥、フルメンティ。実は、イングランド料理書『ザ・フォーム・オブ・キュリー』だけでなくフランス料理書『ヴィアンディエ』にもレシピが載っている中世共通の粥。百年戦争や新王朝成立とも関係する料理です。（レシピ238ページ参照）

　中世も円熟期を迎えつつある15世紀。新たな「夜明け」が到来します。歴史的事件と食文化を見ていきましょう。

第 **5** 章

中世の終焉

15世紀

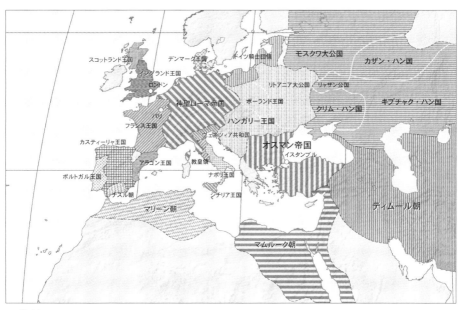

スコットランド王国　デンマーク王国　ドイツ騎士団領　モスクワ大公国　カザン・ハン国

イングランド王国　　　　　　　　　　リトアニア大公国　リャザン公国

ロンドン　　　　　　　　　　神聖ローマ帝国　ポーランド王国　クリム・ハン国　キプチャク・ハン国

パリ　　　　　ハンガリー王国

フランス王国　　　　　　ヴェネツィア共和国

カスティーリャ王国　　　　　　　　　　　　オスマン帝国

　　　　　　　アラゴン王国　教皇領　　　　イスタンブル

ポルトガル王国　　　　　　　　　ナポリ王国　　　　　　　　　　ティムール朝

ナスル朝　　　　シチリア王国

マリーン朝

マムルーク朝

15世紀のヨーロッパ

新時代の幕開け

> 　提督は述べている、「この地の人々はとてもおとなしいうえ、とても臆病である。すでに述べたように、彼らは裸で、武器も法も持っていない。この辺りの土地はとても肥沃で、ヤマイモを一面に作付けしている。これはニンジンに似て、栗の味がする。インゲンやソラマメもあるが、我々のものとは大きく異なる」
> 　　　　　　　（クリストファー・コロンブス『コロンブス航海誌』）

　15世紀は、中世が終わり近世の始まりを迎えた世紀といえるかもしれません。1453年のオスマン帝国の攻撃によるビザンツ帝国の滅亡や1492年1月のイベリア半島での複数のキリスト教国家による国土回復運動（レコンキスタ）の終結、そして同年8月クリストファー・コロンブス（1451〜1506）による新大陸到達と大きな転換期を迎えました。

　これら3つの事柄は連動しています。1453年のビザンツ帝国の滅亡により、オスマン帝国がコンスタンティノープルを拠点にします。その都市名は徐々にイスタンブルと呼びならわされることとなりました。オスマン帝国は、領土を東西に拡張させていき、遠征に次ぐ遠征により、アナトリアとバルカン半島の統一を果たしました。「アドリア海の女王」と称えられたヴェネツィアからヨーロッパ各地への輸出、および地中海の交易路が、オスマン帝国の西進により困難となってしまったのです。

　一方、イベリア半島では1479年、レコンキスタを推し進めていたキリスト教国のカスティーリャ王国とアラゴン王国が合同し、スペイン王国を成立させます。1492年1月2日、スペイン王はグラナダに入城します。これは、イスラム勢力の最後の拠点グラナダを陥落させたことを意味します。

8世紀以来続いたレコンキスタ（国土回復運動）に終止符を打ちました。

　レコンキスタ推進により、キリスト教の布教も熱を帯びていき、航海術の発展、中世ヨーロッパの料理に欠かせない香辛料への重要の高まり、そしてオスマン帝国の脅威による東方貿易の不安定さなどが相まって、コロンブスの第1回目の航海がはじまるのです。冒頭に引用した文章で、コロンブスは何とサツマイモのようなイモを発見して観察していることがわかります。

　円熟味を帯びた中世の食事は新大陸からの新たなる食材の到来によってどのように変わっていったでしょうか。15世紀の食卓を歴史的出来事と共に見ていきましょう。

神の声を聞いた少女

　英仏間の百年戦争が始まって70年ほど経過した頃、ジャンヌ・ダルク（1412〜1431）がついに表舞台に登場します。当時、ほとんどすべての戦いがフランス国内で行われ、イングランド軍の焦土作戦によってフランスの都市や農村は各地で壊滅的な打撃を受けます。加えて黒死病の流行により、敵味方問わず多くの人々が病で亡くなりました。さらに、王太子シャルル（後のシャルル7世）を支持するアルマニャック派とイングランドと結んでフランス宮廷の主導権を握ろうとするブルゴーニュ派が対立し、その対立が国内の諸侯を巻き込んで王国を二分しており、フランスは深刻な分裂状態に陥っていました。フランス王国は前世期の輝かしいカペー朝の面影は全く見られず、未来が見えない状況だったのです。

　ドンレミ村の農家に生まれたジャンヌ・ダルクは、幼少のころより百年戦争による戦災の中で育ちました。幾度となく村は襲撃を受け、時に焼き払われたこともあったそうです。13歳になったジャンヌは、ある日、「神の声」を聞いたと言われています。その内容は「イングランド軍を薙ぎ払い、シャルル王太子を即位させよ」というものでした。フランス王家への素朴な忠誠心と、天啓が彼女を突き動かしました。

覚悟を決めたジャンヌは、協力者を得て王太子のいるシノン城へ向かいました。王太子と面会したジャンヌは派兵軍への参加と騎士の軍装の着用を願い出て許されます。ジャンヌは甲冑、馬、剣、旗印などの軍装と、ジャンヌの協力者たちの軍備一式を調達することに成功したのでした。シャルルのこのようなジャンヌへの厚遇は、彼女の出現が崩壊寸前のフランス王国の唯一の希望に感じられたからでしょう。

　ジャンヌの一種のカリスマ性は、兵の士気を高め、イングランドに包囲されたオルレアンの解放とランス大聖堂でのシャルル7世（1403—1461）の戴冠式を実現させました。これによって、ジャンヌとその家族は貴族の位を与えられるわけですが、彼女の絶頂期はここまででした。

　1429年、ジャンヌはパリ包囲戦で敗北を喫し、自身も足に矢傷を受けました。翌1430年5月、コンピエーニュへと派兵されたジャンヌはこの地でブルゴーニュ派に捕らえられて、身柄はイングランド軍に引き渡され、異端裁判にかけられて処刑されてしまいました。

　異端者として火刑に処せられたジャンヌ。時は流れ、彼女の処刑から25年後、ジャンヌの復権裁判が行なわれました。ここで異端の無効が宣言されます。彼女の勇敢さと悲劇的な最期は19世紀の民族主義の高まりとともにフランスの人々の間で共有され、シンボル的な存在とみなされるようになりました。今日では聖女として、またフランスの国民的英雄として祀られています。

農民の食、貴族の食

　ジャンヌ・ダルクは農村の出身でした。中世末期、フランスでの農民の食事の中心は野菜でした。豆やカブなどの野菜を中心とした料理とパンが日常の食事で、野菜を鍋で煮込んだごった煮を味わうのが主でした。肉は日常ではほとんど食べておらず、食べるときはハレの日に燻製肉を食べる程度でした。

　一方、中世の貴族料理では、今でいう前菜からデザートまでの数十に及

ぶ品数のメニューが数回に分けて提供されました。

　調理法もシンプルで、加熱方法は焼く、ゆでる、揚げる、蒸すの４つで
す。そこに堅焼きパンを細かく砕き、ジンジャー、シナモン、コショウ、
サフラン、ナツメグなどの香辛料と砂糖、ハチミツとレモンやオレンジな
どの果汁やヴェルジュなどの液体を混ぜてソースとして出されました。

　食卓にはナイフとスプーンは用意されていましたが、フォークは当時使
われていませんでした。ほとんどの場合、自分の指を使って食べていたと
言います。これには二つの考えがありました。一つは、先端がとがったフ
ォークは凶器だと考えられ、食卓で敬遠されたこと。もう一つは、中世の
考えでは指を箸代わりに見立てて、器用に使うのが機能的かつ実用的だと
考えられていたことです。また、いかに美しく指を使うかなど上流階級で
あれば当然できるマナーという見方もあったようです。

　手づかみで料理を食べ、一品ごとに手を洗うフィンガーボールの香りづけ
されたぬるま湯を取り変えながら宴は進んでいきました。スープや煮込み料
理など液体の多い料理では、スプーンを使うかパンを浸して食べていました。

　農民から貴族となったジャンヌ・ダルクもスープは農民の頃と変わりな
く、パンを浸して食べたに違いありません。しかし香辛料が加わった貴族
のスープは農民のそれと味わいは大きく異なったことでしょう。

　現代の感覚でいうと、野蛮に見受けられる食事風景ですが、当時は機能
的な面からも宗教的な面からもそれが合理的だと考えられていました。但
し、やはりお酒が出る宴席ですので、当時のマナー集には現代では考えら
れないようなマナー違反の記述がありました。

「ナイフで歯をほじらない」

「手を付けたものを人にやらない」

　元農民のジャンヌ・ダルクが貴族たちに混ざって食事する風景を見たいような見たくないような。好奇心が勝り、怖いもの見たさで一度は見てみたいような複雑な心境です。

ジャンヌ・ダルクの食事—貴族として食べた羊のアリコ

　タイユヴァンの料理書『ヴィアンディエ』に羊肉の料理が残っています。

> 生の羊肉を使ったアリコは、ぶつ切りにして、薄く輪切りにしたタマネギと一緒に塩豚脂で炒める。牛のブイヨン、ヴェルジュ、パセリ、ヒソップ、セージに浸して全体を煮立てて、細かい混合粉末スパイスを加える。
>
> （森本英夫『中世フランスの食』「ヴィアンディエ」2-1-4）

　『ル・ヴィアンディエ』にまとめられているのは貴族の料理だけです。この時代、農民も肉を食べることがありましたが、貴族の方がその機会が多かったのです。塩漬け肉が使われたので、多くの人に喜ばれたでしょう。シンプルですが、肉の旨みと各種スパイスの風味が特徴の料理です。なお、アリコ（Hericot）の意味は煮込みです。「断片」「ひとかたまり」というHaligoteに由来します。羊のぶつ切りを、野菜とハーブで炒めたあと煮込む中世フランス特有の料理です。

　貴族となったジャンヌ・ダルクもこの肉の煮込み料理を食べたといわれています。戦時であったものの、スパイスとハーブが特徴の貴族の料理には、農民の食の違いがまざまざと感じられたことでしょう。農民の頃はオート麦で煮込んだブイイと呼ばれる粥を食べていたのですから。フランスとイングランドとの間で休戦協定が結ばれた後の数か月の間、つまり1430年の年末年始、ほとんどすることがなかったこの時に、おそらくジャンヌ

は貴族の料理をしっかり味わったことでしょう。

　アリコは羊肉の煮込みですが、豚肉のラードあり、牛肉のブイヨン（だし汁）ありと様々な肉汁の旨みが詰まっています。ブイヨンとタマネギを炒めた香りがフランス料理の新たな伝統の始まりを感じさせてくれます。

リチャード３世と食生活

　2013年２月４日、イギリスの中部にあるレスター大学の考古学チームは、2012年９月に、レスターの教会跡に作られた駐車場の地下から発見された人骨について、ヨーク朝最後の王リチャード３世（1452〜1485）のものと断定したと発表し、世界中を驚かせました。

　リチャード３世は、王位をめぐって争ったランカスター家との「バラ戦争」のさなか、ボズワースでの戦いで戦死したとされ、遺体の場所は謎に包まれていました。しかし2012年のDNA鑑定の結果、発見された人骨は、リチャード３世その人であると判明しました。

　戦場で命を落とす王は珍しいのですが、彼の受難はそれだけでは終わりませんでした。亡くなってから約100年後、シェイクスピアによる歴史劇『リチャード３世』が上演されました。劇中のリチャード３世は醜い冷酷非道な人物として描かれ、歴代の王のなかでもひときわ悪名高い王として名を馳せることになります。無残に戦死し、死後に悪者に描かれ、埋葬された場所もわからずじまい。世界史に残る不遇の王と言えます。しかし、近年の研究では、名誉が回復されつつあり、2012年の遺骨の発見もその流れに弾みをつけました。この遺骨からは彼の食生活が明らかになりました。

　リチャード３世の肋骨を分析した結果、彼が1483年にイングランド王に即位した直後から、高たんぱくの食事をとるようになったことがわかりました。具体的には、狩猟用の鳥や淡水魚などの贅沢品の消費が増加したと考察されています。また、１日に１瓶のペースでワインを飲んでいたことも報告されています。もともと貴族出身でぜいたくな食事をしていたはず

ですが、イングランド王ともなるとさらに豪勢な料理を食べるようになるのでしょう。

　中世後期の貴族の食生活は、パン、エール、肉、魚、ワイン、香辛料で構成されていました。これらの食品同士の相対的な割合には、豊かさとの強い相関関係があり、ワインや香辛料は富の増加に比例して増えていき、エールや穀物は逆に減っていきます。裕福であればあるほど、より多くの種類の肉や魚を食べていました。中世貴族のリアルな食生活と、死後の悲惨さに比べ生前は豪勢な食事を楽しんでいたリチャード３世の素顔が示されたビッグニュースでした。

リチャード３世の戴冠式の祝宴

　リチャード３世が豪勢な食事を味わっていたことを示す資料も実際に遺されています。1483年７月６日日曜日に行なわれた戴冠式の祝宴の記録が残っています。この祝宴は戴冠式の最後の催しものでした。祝宴にはなんと3000人もの人が集まり、その人数をまかなうため、食材は30頭の雄牛、100頭の子牛、140頭の羊、148羽（面）の孔雀、218頭の豚、156頭の鹿を使いました。また、香辛料には、粉末コショウ、コショウ、長コショウ、ジンジャー、アーモンド、マデイラ諸島産の砂糖が使用されました。

　肝心の料理は合計３コースの料理が用意され、１コース16品、２コース16品、３コース17品の計49品もの料理が提供されました。最初の料理が、あのヘンリー４世の戴冠式にも登場した鹿肉のフルメンティでした。中世の流行を感じさせる一品です。この祝宴にはジビエのローストが多かったようです。

　また、残念ながらリチャード３世が多くの人々と話すことに時間を費やしたため、料理の提供に時間がかかってしまい、午後４時から提供する予定だった第３のコースの17品は結局破棄することになってしまいました。

　その後、イングランドの戴冠式の祝宴スケジュールが第２のコースまで

に変更になったのはこの時の教訓があったからのようです。

中世の色鮮やかな料理

中世は「暗黒時代」と呼ばれることもあり、なんとなく暗いイメージをもたれがちです。しかし、貴族の宮廷料理に関しては全く逆で、むしろ「キラキラ時代」か「カラフル時代」とでも呼ぶべき時代でした。

前章で紹介したヘンリー４世の祝宴に登場する「大戦車を模して」やお城のミニチュアや聖女や騎士の像といった、料理とはいえないものも見世物料理としてこの時代は料理に数えられました。

貴族たちは料理の「風味」を味わい、「香り」を嗅いで、「色」を楽しんでいました。着色は、宮廷の庭に植えられた花や植物から料理の着色料をこしらえたのです。たとえば、赤色はレッドサンダルウッド（紅木）、アルカンナ、イチゴ、サクランボ、黄色はサフラン、タンポポ、緑色はミント、パセリ、青色はマルベリー、ブラックベリーなどの果実から抽出されたもの、紫色はすみれの花、茶色・黒色は動物の血、白はアーモンド、米などから作られました。

味つけに関しては、調味料やスパイスを大量に使っていたことが知られています。砂糖やコショウなど、海外から輸入する調味料やスパイスは大変高価なものでしたが、そうしたものほど社会的地位を誇示したい貴族たちは使いたがりました。そのため中世の貴族たちは、かなり極端な味つけの料理を食べていたことになります。特にイングランドでは、砂糖やシナモンをふんだんに使った甘い味つけが好まれました。

中世の宮廷料理は、大量の品数、派手な見た目と色彩、そして調味料の大量使用が大きな特徴でした。おいしさよりも、見栄えや華やかさに意識を向けていたといっていいでしょう。貴族たちにとっては、料理はなによりも自分の富や権力をアピールする道具でした。リチャード３世が巻き込まれた「バラ戦争」をはじめ、宮廷では日々政争が繰り広げられましたが、

食卓の上でもこうした権力闘争が行われていたのでしょう。

封建制度と食事の関係

　中世後期のイングランドは封建社会です。農民たちは土地を領主から借り受け、小麦、ライ麦などを育て、その一部を税として領主に納めていました。余った穀物は領主指定のかまどに持ち込み、お金を払ってパンを焼いていました。さらに貧しい人は、穀物をパンに加工する代わりに、ボイルしてお粥にしていたようです。野菜は領主に納める必要がなかったので、個人菜園でキャベツやにんじん、かぶなどが育てられ、貴重なビタミン源として重宝されました。肉類や卵、乳製品などは、当時の庶民にとってはめったに口にすることのできない高級食材でした。

　都市では、自給自足の農村とは異なり、お金を払って食事や食材を調達することが当たり前になっていました。とくにロンドンは国際的な都市で、諸外国から多種多様な食材が持ち込まれ、テムズ川沿いにはお金持ち向けの飲食店や、24時間営業の軽食屋がそろっていました。一方で、貧困層は聖職者や富裕層が建てた施療院で簡素なスープやパンを食べていました。農村・都市の両方で、富める者と貧しい者の食事の格差が拡大した時代だったようです。

ビザンツの終焉と食文化の新たな展開

　1451年、オスマン帝国の王太子メフメト2世が2度目の即位を果たし、君主（スルタン）となります。そして、1453年総勢10万人の軍勢でコンスタンティノープルを包囲しました。迎え撃ったのはビザンツ帝国皇帝コンスタンティノス11世（1405〜1453）でした。54日間の包囲の末、オスマン軍はエディルネ門付近を破り、コンスタンティノープルになだれ込んだのです。こうして、古代から1453年5月29日まで続いた「ローマ帝国」の歴史に幕を閉じ

ることとなりました。

　そして、コンスタンティノープルはイスタンブルと名を変えてオスマン
帝国の首都として動き出したのです。在りし日のビザンツ帝国のように、
東西貿易を活性化させていきました。また、トプカプ宮殿とそれにともな
う厨房も建設されました。スルタンの厨房はおよそ面積500坪もあり、そ
こを10個の小厨房を分けて何千人という宮廷の住人と訪問者のために料理
を作り上げていくのでした。

　こうして、アナトリアからやってきたトルコ人たちは「ローマ帝国」の
食の遺産を受け継ぎ、地中海の食材とアナトリアの食材を融合した新たな
食文化を築いていくこととなりました。

メフメト2世の歴史的スイーツ

　1453年にビザンツ帝国を滅ぼし、「中世」を終焉に向かわせたメフメト
2世。第7代スルタンでファーティヒ（征服者の意）という異名を持つメ
フメト2世が何を食べていたのかがわかる資料が残っています。

　鈴木董著『食はイスタンブルにあり　君府名物考』に、メフメト2世の
宮廷の台所の一連の帳簿集成が紹介されています。ヒジュラ暦878年第8
月（西暦1473年12月22日〜1474年1月19日）の帳簿には次の通り残ってい
ます。

　帝室用に鶏851羽、子羊18頭。副食に鶏と子羊の料理。他にぶどうやき
ゅうり、キャベツ（ケレム）の酢漬などです。

　そして、甘いものには、以下の通りトルコの代表的菓子の一つであるト
ルコ版ミルフィーユともいうべきバクラヴァの名前が登場します。

10) Yevmü'l-cum'a, fi 10, fi belde-i Kostantıniyye　　711
1) Bahâ-i hîzem, be-cihet-i rikak-ı baklava-i agayân der-şehr-i Ramazan,
5 himâl (s. 223)　　　　　　　　　　　　　　　　　　　　　42

（「İstanbul Saraylarına Ait Muhasebe Defterleri」より）

上記の通り、バクラヴァは、「baklava-i」という単語として登場します。このbaklavaに続く語尾「-i」は、エザーフェといい、「追加」や「不可」を表し、ペルシア語で「〜の」という意味をもちます。オスマン語は、語彙・語法の面でペルシア語から多くを取り入れたのです。

　バクラヴァの起源ははっきりとはわかっておらず、モンゴル語「baγla-」や16世紀以前のトルコ語の「baklağı」が起源だとする説や、束を意味する「bahlahu」という言葉に由来する説があります。また、イスラム世界における説話集『千夜一夜物語』の「ジュダルとその兄」にバクラヴァが登場します。つまり、1473年にオスマン宮廷で食されたバクラヴァはオリエント経由の料理であることがわかるのです。

　ところで、バクラヴァはどういうお菓子かというと、トルコの伝統的な—少なくともメフメト2世からの—スイーツでトルコ語研究所の定義によると、「ピーナッツ、ヘーゼルナッツ、クルミなどを入れて焼いた、非常に薄い生地の生菓子」とあります。

　小麦粉を主原料とし、水と砂糖で作るバクラヴァが作られていました。多層となったのは、オスマン帝国となってからで現在の形のように膜状のフィロ生地となっています。

　残念ながら、15世紀のメフメト2世の時代に料理書はありません。ヒントとなるのは19世紀のオスマン帝国の3冊の料理書で、『オリエンタル製菓 Oriental Confectionery』、『キタブツタバヒン Kitabüt Tabbahin』、『トルコ料理 Turkish Cuisine』それぞれに登場するバクラヴァの食材が参考になりそうなのでここに記します。

> 薄力粉、澄ましバター、卵、塩、水、アーモンド、ハチミツ、砂糖

　3書にほぼ共通する食材がこちらです。現在バクラヴァの食材に使われるピスタチオやクルミ、レモン果汁、ザクロ酢などが入っていないのが特

徴です。15世紀の料理ということもあり、現在よりも少ない種類の食材で作ります。12枚のフィロを耐熱容器の大きさとなるように薄く延ばし、作り上げていきます。ペルシア由来の砂糖とハチミツをかけた甘いスイーツ。ビザンツの伝統は受け継ぎつつも、甘みのあるスイーツはオリエントからの授かり物であることがよくわかる一品です。

中世ヴェネツィアの栄光と失墜

　ヴェネツィア共和国の15世紀は多幸の時代でした。国内秩序は安定し、各種産業は利益を上げ、経済的に繁栄していきました。それが如実にあらわれていたのが、お値ごろ価格で、何でも手に入るヴェネツィアの市場でした。実際のところ、様々なものがヴェネツィアに供給されました。具体的にヴェネツィア商業の最盛期である15世紀末にヴェネツィアに行き来していたものを紹介します。ヨーロッパ世界から毛織物、木材、金属、羊毛、小麦、ブドウ酒などが。スラヴ世界から小麦、木材、ハチミツ、麻などが。ビザンツ世界から金のフォークなどのカトラリー、工芸品、絹織物、染料などが。イスラム世界から香辛料、陶磁器、砂糖、綿織物、香水などが輸入されてきました。日常品から嗜好品まで世界のあらゆる地域の特産品が集められ、市場が形成されていったのです。

　このヴェネツィアも、15世紀の後半になると栄光にかげりがみえはじめます。オスマン帝国との衝突は不可避となり、1463年ヴェネツィア対岸に位置するダルマツィア（現クロアチア共和国のアドリア海沿岸地域一帯）の領有を巡って争うなど断続的に戦争が行なわれ、交易路は不安定となりました。しかしながら、ヴェネツィア商人の中には、こんな状況のさなか、オスマン軍相手に商売をしている輩もいるのですから、「ヴェニスの商人」の面目躍如といったところでしょうか。

　ヴェネツィアの海上交易がオスマン帝国との敵対により困難となる一方で、オスマン帝国の保護を受けるダルマツィアの都市国家ラグーザや対岸

のイタリア半島東部にあるアンコーナの海上交易が飛躍的に発展していきました。また、フィレンツェは、メフメト2世から優遇され、毛織物をアナトリアやペルシア方面へ販売し、絹を輸入しヨーロッパ各地へ出荷するなど、オスマン帝国との交易がさかんとなりました。

ヴェネツィアも手をこまねいているばかりでなく、1489年にキプロス島を手中にし、穀物の供給源にしました。キプロスは特に砂糖きびの栽培で有名だったのです。ちなみに、ヴェネツィアはオスマン帝国と平和が維持されている間は、オスマン帝国との通商特権を与えられました。

しかし、東方交易自体を揺り動かす事態が起きます。コロンブスの新大陸発見と大西洋の新航路開拓によって、香料貿易のルートは地中海から大西洋へガラッと転換されることになるのです。

イベリア半島のイスラム食文化

711年のイスラム教徒侵入により、ウマイヤ朝の属州としてアル・アンダルスと称されることとなったイベリア半島は、1492年グラナダ王国（ナスル朝）を陥落させてレコンキスタを完遂し、およそ800年に渡るイスラム教徒、ユダヤ教徒、キリスト教徒の共存関係を「解消」しました。この結果、今でもスペイン南部で使われる食材にはアラビア語起源のものが多数存在します。アロス（米）クスクス、レモン、スイカ、ジュースなどです。クスクスは粗く挽いた穀類を小さく丸めて食べる主食でした。また、北アフリカのベルベル人がスペインにシチューやごった煮を伝え、牛肉、羊肉、鶏肉、ソーセージ、ミートボール、ヒヨコマメのスープはスペイン伝統料理オリャ・ポドリーダの原型になったといわれています。

ほかにも、スペインには、古代ローマ時代や西ゴート王国時代の食習慣も残っているとみられ、単純に西欧にない異国情緒のものをアラブ遺産ということは難しい状況です。

様々な新大陸のパンを食べたコロンブス

　コロンブスは1492年の第一回航海を皮切りに、1493年、1496年、そして1502年と4回に渡り新大陸に向けて大西洋へ航海しています。様々な食材と料理を航海の船に積んでいったコロンブスですが、現地で数多くの食事を見て、また実際に味わっています。そのなかでも一番多く食べたのがパンです。例えば、1499年の弁明書には当地の食事について次の通り書いています。

> 彼らは、居留地があるイサベラ市の土地は土壌が悪く、小麦が実らないと言い触らしました。しかし、わたくしは小麦を収穫し、パンを作り、皆で食べました。…（中略）…また、どうしても小麦のパンでなければならないと言う者はだれもいません。別の種類のパンが豊富にあります。
>
> （クリストファー・コロンブス『完訳　コロンブス航海誌』
> 「ロルダンの反乱に対する弁明」　1499年5月？）

　「居留地があるイサベラ市」とは、エスパニョーラ島（現イスパニョーラ島）のことで、コロンブスは当地の土壌の素晴らしさを弁明書に書いています。小麦のパンや小麦以外の別の種類のパンを味わっていたことがわかります。別の種類のパンの代表格がカサーベ（casabe）です。

> アグアカディバという村では、インディオやその酋長と取り決めをして、彼らがカサーベ［タピオカ］のパンを作り、また狩りや釣りをして、いろんな食糧を毎日一定量提督に供給し、これを船へ持ってくれば、船の方では誰かがこれを受け取って、こういう時のために持ってきている、碧いビーズ玉やナイフ、鈴、釣針などで代償を支払うことにした。
>
> （クリストファー・コロンブス『コロンブス全航海の報告』「ドン・クリストーバル・コロンの最後の航海中に起こった出来事について、ディエゴ・メンデスが認めた記録」）

　こちらの記録では、ハマイカ島（現ジャマイカ）でキャッサバイモからとれる粉を使ったパンを食べていることがわかります。カサーベとはキャッサバイモのことで、タピオカの原料です。ちなみにキャッサバイモから

5

中世の終焉

コロンブスの手紙　バーゼル版1494年　表紙

　キャッサバの根茎の皮をむき、乾燥させたものを粉砕した粉のことをキャッサバ粉といい、キャッサバイモのでんぷんのみを抽出して、粉にしたものがタピオカ粉になります。漂白されているのがタピオカ粉で、キャッサバ粉は小麦粉のような色合いです。

　今回は、様々なパンを味わったコロンブスに思いを馳せ、小麦粉とキャッサバ粉をブレンドした新大陸の無発酵パンを作ります。シンプルに塩を加え、香辛料アヒ（チリペッパーのこと）を使ってみましょう。

円熟味を帯びた中世料理と新たな動き

　中世の最晩年を迎えた15世紀は、中世という枠組みが限界を迎え、近世という時代に移行する過渡期でもありました。1453年のビザンツ帝国滅亡とオスマン帝国の西進、1492年のイベリア半島のレコンキスタ完遂、コロンブスの新大陸到達と新たな時代に突入となるわけですが、オスマン帝国がヨーロッパに侵食することで東方交易が不安定となっていきました。

　新たな交易路の開拓と、キリスト教の布教熱の高まり、そして航海術の

発展という様々な因果関係によって、香辛料貿易も兼ねた新航路開拓が始まります。その先鞭をつけたコロンブスは、現地で新たな食材や料理を見ることになるのですが、それらはいうなれば100年後にヨーロッパで栽培される「未来の食物」でした。

　一方で、香辛料を多用し香りや目で楽しみ味わう中世特有の料理は、各国王の戴冠式の祝宴で確認ができます。地域によって食材や香辛料の使用の差異があらわれ、中世料理共通の焼く、ゆでる、揚げる、蒸すの4つの方法にソースを絡めるやり方も各国で何を主に使うのかが変わりました。

　本章の料理である15世紀の料理は2品です。

　1．キャッサバ粉と小麦粉の無発酵パン…コロンブスが現地で味わったキャッサバ粉のパンや小麦を使ったパン。こちらをキャッサバ粉と薄力粉をブレンドしてチリペッパーで味わいました。「コロンブス交換」という言葉がありますコロンブスによる新大陸到達以降、ヨーロッパ、アジアなど旧大陸と南北アメリカの新大陸との間で食料となる植物（作物）をはじめとする様々な交流があったことを指す言葉です。コロンブス自身はサツマイモに近い新大陸のイモを発見し、観察している程度ですが、16世紀以降の人物たちはこの「コロンブス交換」の恩恵を大いに受けることになります。（レシピ239ページ参照）

　2．15世紀オスマン帝国風ペイストリー「バクラヴァ」…15世紀の大きな歴史的事件は、「ローマ帝国」の終焉でしょう。「魚醤とオリーブオイルを振りかけた」料理群は、ここで改めて潰えてしまいました。新たにコンスタンティノープルにやってきたのはオスマン帝国です。帝国は、首都の名をイスタンブルに変え、「ローマ帝国」の食の遺産を受け継ぎ、地中海の食材とアナトリアの食材を融合した新たな食文化を築いていくこととなりました。ペルシア由来のスイーツ「バクラヴァ」はペルシア由来のトプカプ宮殿で花開いたものです。世界三大料理の1つトルコ料理はここから

スタートしたのです。（レシピ240ページ参照）

　こうして中世の終焉と共に15世紀は幕を下ろしました。近世のスタートとなる16世紀はどんな料理が登場し、どんな事件が起こるでしょうか。次章でひも解いていきましょう。

第 **6** 章

大航海時代の到来

16世紀

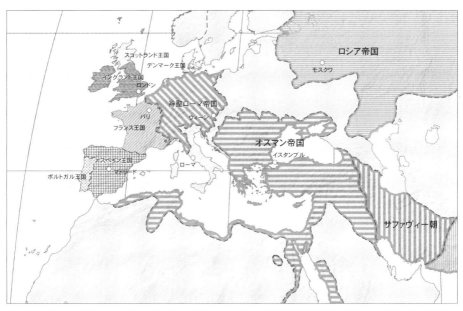

16世紀のヨーロッパ

16世紀の食卓

> フォールスタッフ　かわいい尻尾の雌鹿だね？
> ああ、ポテトの雨が降るがいい、
> 淫らな恋歌に合わせて雷が鳴るがいい！
> 朝鮮人参の霰、肉桂の雪、なんでもいい、
> 催剤の嵐がくるがいい！　おれはこの胸に
> 雨宿りだ。
>
> （シェイクスピア『ウィンザーの陽気な女房たち』第5幕第5景より）

　シェイクスピア（1564〜1616）は、16、17世紀を代表するイングランドの劇作家、詩人です。冒頭に引用した『ウィンザーの陽気な女房たち』は、執筆時期が1590年代後半、1602年に出版された作品です。そして、シェイクスピアが自身が生きた16世紀後半のイングランドを取り上げた唯一の作品でもあるわけで、16世紀の雰囲気がテキストから伝わってきます。

　「ポテトの雨が降るがいい」の原文は「Let the sky rain potatoes;」となっています。このpotatoes（ポテト）は、実は、サツマイモを表しています。スペイン人探検家たちがカリブ海諸島で未知なる植物に出合ったなかに、インディオがバタータ（batata）と呼ぶ塊根があり、探検家たちはその塊根を持ち帰りパタータ（patata）と名づけました。それがサツマイモです。続いて、イギリス人の奴隷商人で海軍提督のジョン・ホーキンス（1532〜1595年）がパタータを英語でポテト（potato）と名づけました。結果、ヨーロッパに先に入ったサツマイモがポテトと呼ばれるようになりました。ジャガイモはというと、正確な時期はわからないものの、スペインに1570年前後に伝来しました。そしてこれもポテトと呼ばれるようにな

ったのです。どうやら、新大陸から来た２つの塊根はどちらもパタータ（ポテト）と呼ばれ一緒くたにされてしまっていたようです。

　その後、1597年のイングランドで初めてジャガイモに言及した本が出版されます。それが植物学者ジョン・ジェラード（1545〜1611or1612）の『本草書または植物の一般史 The Herball or Generall Historie of Plantes』です。これは、サツマイモとジャガイモを２種類のポテトとして、はっきり区別して紹介している書物で、サツマイモは「Potatoes」、ジャガイモは「Potatoes of Virginia」という名称で紹介しています。

> バージニアポテトは、地面に引きずるようにしてたくさんの中空の柔軟な枝があり、３つの正方形が不揃いで一定の距離を置いて様々な場所で結び目が作られています。…（中略）…。葉全体はパースニップに似ていますが、それよりもはるかに大きく、味は最初、草のようですが、後から舌を刺すような鋭い味がします。…（中略）…とてもきれいで気持ちの良い花が育ちます。この花は、１枚の葉全体でできていますが、奇妙な折り方や編み方をしているので、５枚の小さな葉でできた花のように見えますが、これは開かないと簡単にはわかりません。花全体は薄紫色で、折り目や編み目の中央には、紫と黄色が混ざったような薄い黄色のストライプが入っています。

　ジェラードは白いポテト（ジャガイモ）を北米原産だと勘違いして、紅いポテト（サツマイモ）と区別するために「バージニアポテト」と名付けました。そんなジャガイモも時代が進むにつれ、バージニアが省略され、ポテトといわれるようになり、サツマイモは一転、甘みをもつポテトとして、スイートポテトといわれるように変化していきました。

　また、上記のバージニアポテトの紹介文章の面白い特徴では、葉っぱを食べた味の感想を記述しているところです。塊根だけでなく、葉や花にも焦点を当てているところに注目したいです。ところで、ジャガイモやサツマイモなどのポテトには、当時、催淫作用があると思われていたため、シェイクスピアはフォールスタッフに「催剤の嵐がくるがいい」と語らせて

紅いポテト（サツマイモ）の紹介ページ

白いポテト（ジャガイモ）を
バージニアポテトと紹介したページ

います。

　このようにコロンブスが新大陸に向けて旅立った1492年から1世紀を経た16世紀後半になると、新大陸からの贈り物が続々と登場するようになります。そんなコロンブス後の世界である16世紀のヨーロッパ食事情を本章ではお届けします。

16世紀の各国事情

　16世紀のヨーロッパではのちに王として名を馳せる人物が続々と誕生しました。まず、イングランドに1491年、のちのテューダー朝第2代王ヘンリー8世（1491～1547）が誕生し、1509年に17歳で王位を継承しました。
　続いてフランスに1494年、のちのヴァロワ朝第9代王となるフランソワ1世（1494～1547）が、コニャックで生まれ、1515年フランス国王となり

ました。

　そして、1500年、ネーデルラントの領主フィリップ美公とカスティーリャ王女フアナの間にカール5世（1500〜1558）が誕生しました。カールはドイツ王、オーストリア、ネーデルラント、スペイン、ナポリ王国などを相続し、また、1516年3月にブリュッセルの宮廷でスペイン王国の国王カルロス1世となることを宣言しました。ヨーロッパの多くの領土を統治することになったカールに対し、他国の有力者たちは強い脅威を感じたことでしょう。

　そんなカール5世（カルロス1世）を目の上のたんこぶのような苦々しい思いで見ていた王がフランソワ1世です。フランスは国内統治と共に外の世界へと目を向けていました。フランソワ1世もフランスの為政者として、2代前のフランス王シャルル8世が始めたイタリア戦争を継続し、1515年にマリニャーノの戦いにて勝利を収め、ミラノ公国を占領しました。当地の有力者だったスフォルツァ家を追放したのち、和平条約を締結し、イタリア戦争は終結しました。

　そして、1519年神聖ローマ皇帝マクシミリアン1世（1459〜1519）の死去にともない、フランソワ1世とカール5世は神聖ローマ帝国の皇帝選挙に出ました。選挙戦は2人だけの一騎打ちとなりますが、軍配はカール5世に上がりました。かくしてカールが次の神聖ローマ皇帝となったわけですが、ここからフランソワ1世とカール5世の長い抗争の歴史がはじまるのです。

レオナルド・ダ・ヴィンチの食の考え方

　そのころ、フランソワ1世は一人の有名な芸術家に接近しています。ルネサンスの成熟期を代表する万能の天才レオナルド・ダ・ヴィンチ（1452〜1519）です。

　スフォルツァ家を追放し、ミラノ公国を占領したフランソワ1世は、文芸・芸術を愛しており、ルネサンス芸術の保護者として、当時ローマ教皇レオ10世の弟のジュリアーノ・デ・メディチ（1479〜1516）に仕えていた

レオナルド・ダ・ヴィンチを招き、自身の居城であるアンボワーズ城近辺のクロ＝リュセの館をレオナルドの邸宅として与えました。

　レオナルドは人生のほとんどをイタリア半島で過ごしましたが、1516年、クロ＝リュセの館に移り住み、亡くなる1519年までの３年間を過ごしました。レオナルドは「モナリザ」、「聖アンナ」、「洗礼者ヨハネ」などの作品を持ってきていて、王は狩猟や散策の帰りにレオナルドに会いに来ては、それらの作品に感嘆していたといいます。画家ジョルジョ・ヴァザーリ（1511〜1574）の『芸術家列伝』によると、レオナルドはフランソワの腕の中で息を引き取ったとのことですが、これは創作だと判明しています。

　そんなレオナルドの食の考え方は、フランスに移住する前年の1515年に書かれたアトランティコ手稿の養生法にあらわれています。

健康でいたければ、以下を心がけること。

食欲なしに食べはじめるべからず。食事の準備が整っていないときも同様である。

よく噛んで食べること。これは口に入れたものが

よく煮えていようと、食材の原型を留めていようと徹底すべし。

薬を飲めば万事大丈夫と思い込んでいるなら、考えが足りない。

怒りに身を任せないこと。剣呑な雲行きからは距離を置くべし。

昼は活動し、眠るべからず。

ワインはほどほどに。少量を頻繁に飲むべし。

食べ物なしに、ないし空腹時には酒を飲むべからず。

厠に向かうのを我慢するのも、長く厠に留まっているのもよろしくない。

運動をするなら、激しくないことをすべし。

仰向けで寝ること、頭を下向きにして

寝るべからず。夜はきちんと体を覆うべし。

頭をはっきりさせ、楽しいことを考えるべし。

放縦を避け、食事の習慣によく気をつけるべし。

（レオナルド・ダ・ヴィンチ『アトランティコ手稿』 白沢達生訳）

現代にも通用する養生法ですが、ワインを水で薄めて飲むやり方は古代ギリシアやローマを思い起こさせます。実は、レオナルドの健康観は人文主義者のプラーティナ（1421～1481）の影響を強く受けていました。

プラーティナは本名をバルトロメオ・サッキといい、家庭教師やローマ教皇の書記を経て、ヴァチカン図書館の初代館長に任命されました。そして1470年代にラテン語で書いた著作『真の喜びと健康について De honesta voluptate et valetudine』を刊行すると、イタリアの食文化に影響を与えます。

その料理書のレシピは素材の味を生かしたシンプルなもので、中世料理とは決定的に異なっていました。富や権力の象徴として多用されていた香辛料が最小限に控えられていたのです。香辛料は薬の代用品であり、薬の効果を期待するなら少量で十分でした。これ以降、イタリアを中心に香辛料の使用は抑制方向に向かいます。

さらに、プラーティナは食事の準備や食べ方など、テーブルマナーを啓蒙しました。テーブルクロスとナプキンは白いものを使い、ナイフや食器はよく洗い、清潔感を保つよう説きました。また、胃に優しいものから食べはじめ、時間をかけてよく噛むことなど、消化を助けるためのアドバイスもしています。現代人には当たり前に聞こえますが、当時の貴族にとっては新鮮に感じるアドバイスだったに違いありません。

派手な饗宴を続ける君主を見てきたレオナルドにとっては、貴族たちを反面教師にして、節度ある食生活の大切さをプラーティナの著作から感じていたのかもしれません。事実、レオナルドの書斎にあった料理書はプラーティナの『真の喜びと健康について』の1冊だけでした。

イタリアの食の傾向～上から下まで「野菜喰い」～

ルネサンス期までの貴族たちは羊、子羊、牛などの肉類を食べ、野菜はアスパラガスやアーティチョークなど希少価値があるもの以外はまったく

受けつけませんでした。そして野菜を食べていた農民を「野菜喰い」と呼んで馬鹿にしていました。支配階級は肉、被支配階級は野菜といった具合に、階級制が食卓にもおよんでいました。君主たちが体を壊すのも無理はありません。

　15世紀に活躍したプラーティナやマルティーノは、そうした階級意識からは自由でした。彼らは農民たちの野菜中心の食文化に注目します。ほかのルネサンス文化人たちと同様に古代ギリシア、古代ローマに立ち返り、先人たちが野菜を健康食として多食していたことに目をつけたのでしょう。ヴァチカン図書館の館長という要職にあったプラーティナの言葉が効いたのか、貴族たちも少しずつではありますが野菜を受け入れはじめます。な

アンニーバレ・カラッチ（1560〜1609）作『豆を食べる人（Mangiafagioli）』1583
〜1584年頃　57×68cm ｜コロンナ美術館（ローマ）

かでも、いち早く定着した野菜料理がミネストラ（minestra,野菜のごった煮）でした。栄養価の高い料理が評価されたのでしょう。なお、現代耳なじみのあるスープのミネストローネ（minestrone）の原義は「大きいミネストラ（minestra+one）」で、ミネストラにパスタ類、米類、豆類が追加されるとミネストローネとなります。

　これ以降イタリアでは、階級にとらわれず「上から下まで」野菜を食べる習慣が根づいていきます。ただし、地域によって差異があるようで、「豆喰い（マンジャファジョーリmangiafagioli）のフィレンツェ人」、「葉っぱ食い（マンジャフォッリエ mangiafoglie）」のナポリ人など様々な異名が現れました。

フランスの食文化

　イングランド王ヘンリー８世はフランスの豊かさを次のように記しています。

> 「美し王国。うるわしく、広大で、心地よく、豊穣繁栄の王国！」
> （ルネ・ゲルダン『フランソワ１世』）。

　大絶賛のフランスの大地には、小麦、ライ麦、オート麦が実り、農民がそれを半月鎌で挽きました。豊富な小麦は国内だけでは余るため、国外へも出荷していました。ブドウの木の栽培はフランスの隅々まで行き渡っており、数多くのブドウ栽培地域がありました。緑深い森での豚の飼育も健在で、「農業国」フランスの姿は徐々に形成されつつあったのです。

　フランスのルネサンス期料理書事情を見てみると中世以来の『ヴィヤンディエ』の増補版の刊行が中心で、16世紀の料理書と言えば、プラーティナのフランス語に翻訳された『真の喜びと健康について』などでした。

　『ヴィアンディエ』の再販が最も多かったことからもわかる通り、16世紀のフランスの味の嗜好については、前世紀から変わらず、多用されたス

パイスと酸味でした。味つけと料理法は中世からの伝統を踏襲していたと言ってよいでしょう。また、プラーティナの翻訳版への興味関心は、健康と食事の関係性に限定されました。

それでは、16世紀のフランス食文化の発展が何だったかというと、知識階級の栄養学に対する関心の高まりと、食事が宮廷儀式の1つと見なされ工夫が凝らされるようになったことが挙げられます。

イタリアからの風

中世以来、ヨーロッパの国々は料理の技術や食物の交流が活発で、宮廷では各国共通の料理術やレシピがありました（第4章「ヘンリー4世のウェストミンスター寺院での饗宴料理」フルメンティ参照）。イタリアとフランスの間の料理のアイディアと知識の交換も13世紀より活発で、例えばナポリの料理書に「フランスのやり方に従った」肉料理、「ガリア風」のエンドウ豆スープ、フランスの料理書に「ロンバルディーア（イタリア北西部にある内陸地域）風」ソテーやパイ、ポタージュなどの記述が見られます。

そして先に紹介したプラーティナの『真の喜びと健康について』のフランス語版の出版によって健康と食事の関係という、新たなる概念がフランスにもたらされました。

カトリーヌ・ド・メディシスの「伝承」と貢献

1533年、ローマ教皇クレメンス7世（1478～1534）の尽力により、カテリーナ・ディ・ロレンツォ・デ・メディチ（1519～1589）はイタリアのフィレンツェからフランスへと渡り、フランソワ1世の次男オルレアン公アンリ・ド・ヴァロワ（後のアンリ2世）（1519～1559）と結婚しました。フランス名カトリーヌ・ド・メディシスのほうが有名かもしれません。こ

の結婚の裏には、フランソワ1世のカール5世への対抗としてメディチ家と結びつきを強固にしたいという思惑や、メディチ家の体制を盤石のものとするためカール5世とフランソワ1世双方との繋がりを持ちたいとするクレメンス7世の目算があったといいます。

　フィレンツェ発のルネサンス文化の到来という文脈で、カトリーヌ・ド・メディシスの「伝承」が世界中で広められています。曰く、イタリアからフランスへ食文化が流入され、フランスの食文化が発展した。そのきっかけを作ったのがカトリーヌ・ド・メディシスである、と。とはいうものの事実はそれほど単純ではありません。まず、カトリーヌ・ド・メディシスが14歳で、数多くの付添人をともなってフランスに渡ったことや、そこに料理人、ペストリー職人、砂糖菓子職人らも加わっていたこと、食材にはパセリ、アーティチョーク、レタス、そしてフォークや陶器の皿なども持ち込まれたことなども事実でしょう。しかし、宮廷の作法や食卓の変化、並びにフランスでの味覚革命が起こり、フランス宮廷料理がイタリア流もしくはフィレンツェ流の香辛料を抑制した「野菜喰い」好みの料理に変貌（へんぼう）したというのは伝承の範疇（はんちゅう）となるでしょう。

　実際、カトリーヌが嫁いだ1530年代からフランスの料理がイタリアの特徴をとらえて一気に変貌したということはありませんでした。当時出版された料理書も依然、中世からの伝統に基づいた『ヴィアンディエ』の系譜のものばかりでした。

　しかし、カトリーヌ・ド・メディシスのフランスの食文化への貢献は皆無というわけではありません。それは、イタリアからの食文化の流入というよりも、公の祭典による浸透でした。1565年、カトリーヌ・ド・メディシスと、彼女の息子フランス王シャルル9世（1550〜1574）は、総勢1万5000人を引き連れ、27か月に及ぶ「大行脚」を敢行します。王の全国行脚はフランスでこれまでもたびたび見られる、国民への顔見世でした。また、この「大行脚」では、外交の会談も行われました。フランス国境近辺まで周るので、パリでの外交会談よりも容易でした。

そんな公共の祭典での大きなものは、6月15日から7月2日まで行なわれたフランス南西部のバイヨンヌにおける、シャルル9世の姉エリザベート（1545〜1568）を迎えた会談でした。ちなみに、エリザベートの夫はスペイン王フェリペ2世（1527〜1598）です。さて、この会談のさなかのことです。「魔法の島のお楽しみ」と題された祭典が挙行されました。観客はクジラを模した遊覧船に乗って川を下ると、水底から不気味な海の怪物に、それを退治しようとする軍艦や、古代ローマ風の甲冑の戦士が登場するなど、現代の巨大アトラクションを彷彿とさせるものでした。島へ上陸すると、そこには八角形の形状のパビリオンがあり、ここで宴会が催されるという、まさに圧巻としか形容しようのないものでした。カトリーヌは祭典の企画実行とそれに伴うフランスの料理によって、華やかさと洗練さをもたらしたのでした。

カトリーヌ・ド・メディシスのお気に入りとイタリアの味つけ

　カトリーヌ・ド・メディシスの壮年期の姿は、たくましくエネルギーに満ちたものだったといわれています。あるヴェネツィアの大使が見たカトリーヌの印象は、歩きながら、あるいは食事をしながら、常に誰かと仕事の話をしているというものでした。そんなカトリーヌの食欲は非常に旺盛でした。ただし、過食による消化不良が彼女を後年苦しめることとなったのです。

　カトリーヌがフランスに持ってきた食材にパセリ、アーティチョーク、レタスがあります。イタリアではカルチョーフィ（Carciofi）と呼ばれ、15世紀のイタリア人栽培者たちが作物として育てることに成功します。15世紀末のナポリ料理書に載ってから、イタリア人たちはアーティチョークの存在に気づき、新たな野菜として食すようになりました。カトリーヌ・ド・メディシスがアーティチョークをフランスにもたらしたことで、来世紀のフランス料理書にはアーティチョークのレシピが掲載されるようになりました。

　今回はアーティチョークを美味しく食べる方法を当時のレシピから紹介

します。ただし、彼女の故郷、イタリアの料理書でアーティチョーク料理を作ります。

16世紀のイタリアを代表する料理書に教皇ピウス5世（1504～1572）の料理長を務めたバルトロメオ・スカッピ（1540～1570頃）が著した『オペラ（料理研究家バルトロメオ・スカッピの著作集）Opera di Bartolomeo Scappi mastro dell'arte del cucinare』があり、アーティチョーク料理としてパイのレシピが出ています。

> アーティチョークハートのクロスタータまたはパイの作り方。旬のアーティチョークを入手し、肉汁や塩水で調理する。アーティチョークハートをよく洗い、大きいものはスライスして、ハラタケ（マッシュルームの一種）と同じ材料でクロスタータやパイを作る。同じことを、茹でたカルドンの茎をスライスしたものでも行うことができる。
>
> （バルトロメオ・スカッピ『オペラ（料理研究家バルトロメオ・スカッピの著作集）』）

バルトロメオ・スカッピ『オペラ（料理研究家バルトロメオ・スカッピの作品）Opera di Bartolomeo Scappi mastro dell'arte del cucinare』表紙

アーティチョークハート（アーティチョークの可食部）を取り出して、パイに包んで食べます。ハラタケのレシピを見ると、3枚のペストリーを用意し、モッツァレラチーズ、パルメザンチーズ、ミント、砂糖、コショウ、クローブ、シナモン、ナツメグにヴェルジュとオレンジ果汁を加えるとあります。スライスしたアーティチョークハートにチーズと香辛料、さらに果汁ソースを加えるという普段のレシピではあまり見ることのないパイの中身となりましたが、スカッピに従いましょう。下の生地を2枚置いて、詰めた

ら上からパイシートを重ねます。

　宮廷における祭典プロデューサーのカトリーヌをこのパイ料理でねぎらいましょう。

カルロス 1 世の治世での新大陸からの贈り物

　15世紀初頭のエンリケ航海王子（1394〜1460）らの海上拡大を起点とし、さらに、1492年のコロンブスの第 1 回航海の成功により、大航海時代が幕を開けました。16世紀は中世からの味の継承とともに、新大陸からの「新規開拓」が進んだ世紀でした。いわゆる「コロンブス交換」で新大陸から様々な物品がスペインにもたらされました。スペインの話なのでカルロス 1 世（カール 5 世）と記しますが、彼の治世がまさに大航海時代のヨーロッパをけん引する状態でした。ここでは、コンキスタドール（征服者）のエルナン・コルテス（1485〜1547）の書簡に残された新大陸の食物を中心に1560年頃までに入ってきた植物を紹介します。

　コルテスが報告している食物では、カカオ、トウガラシ、トウモロコシ、インゲンマメ（フリホレス）です。

　まずはカカオ。メソアメリカ原産のカカオは莢の果肉に包まれた種子が発酵と乾燥の過程を経て「カカオ・ニブ」となり、それを焙煎してすり潰せば、チョコレート原液となります。コルテスは現地でカカオを飲み物の一種と認識し、書簡の中でカルロス 1 世に紹介しています。

　次にトウガラシ。現地でコルテスが 6 回ほど確認している辛みの素材は、16世紀後半にスペインの庭園や菜園で栽培されるようになりました。

　続いてトウモロコシ。コルテスが一番多く書簡に記した食物です。すでにコロンブスの航海ののちヨーロッパに入り、その名前が知れ渡ったこの食物は、カリブ海から持ち込まれ1530年代にはアンダルシアで栽培が始まりました。

　インゲンマメは現地でフリホレス（フリホール豆）という名前で知られ、

コロンブスを始め、フェルディナンド・マゼラン（1480〜1521）なども旅行記や書簡に現地で見かけたインゲン豆を記しています。

　それ以外にサツマイモもカール5世の治世にはスペインに紹介されパタータと名づけられました。トマトは、フランシスコ修道会のベルナルディーノ・デ・サアグン（1499？〜1590）が現地メキシコで様々な色やサイズのトマトを目撃していますが、いつ頃スペインに入り始めたかは記録がないためわかっていません。持ち帰った食物を土に植えて育て、生のまま食べていたかも知れません。トマトの記述が本などに登場するのは17世紀になってからのことです。

新大陸からの贈り物2 ―鮮やかな赤色

　前章で中世の料理の着色について書きました。着色染料には、赤色はレッドサンダルウッド（紅木）、アルカンナ、イチゴ、サクランボがありますが、なかでも一般的なのはマダー（セイヨウアカネ）でした。中世ヨーロッパで、最も美しくかつ最も鮮やかな色が赤でした。中世から近世にかけてもマダーは、実用染色材料として比較的広く用いられます。ただしマダーの赤は橙色よりになってしまう欠点があり、より深い赤色を求める王族は試行錯誤していました。新大陸からコチニールカイガラムシで染められた赤い反物は、セビーリャの港に降ろされ、豪華な布地の製造に強い関心を示したイタリア各地の商人たちに買い付けられ、フィレンツェ、ヴェネツィア、ミラノ、ジェノヴァで"完璧な赤"に染め上げた衣装ができあがるようになったのです。

スペイン伝統料理―貧民から貴族まで味わった料理―

　スペインで、オリャ・ポドリーダ（Olla Podrida）という祝宴の料理があります。オリャは深鍋や煮込み料理を表すスペイン語で、ポドリーダは

形容詞で、元々の意が「腐った」で、原形を留めない、権勢（ポデール）のある豊かなもの、豊かな内容（ポデリーダ）のなどの複数の意味があります。

　近世スペインの作家ミゲル・デ・セルバンテス（1547～1616）の名作『ドン・キホーテ』に登場し、サマランカの料理人ドミンゴ・エルナンデス・デ・マセラスが1607年に著した料理書『調理法 Libro del Arte de Cozina』にも、オリャ・ポドリーダのレシピが載っています。この本は、16世紀のスペインのベストセラー料理書であるルペルト（ルペルトとも）・デ・ノラ（生没年不詳、16世紀）が著したスペインの料理書『料理の書 Libre del Coch』のレシピを踏襲しており、16世紀にスペインで人気のあった料理をアレンジしています。つまり、オリャ・ポドリードは16世紀の流行料理と言えるでしょう。

　オリャ・ポドリーダの特徴の一つが、鍋の中に入れる材料次第で、豪勢な王侯貴族の料理にも、日常味わう村の貧者の日々の料理にもなることです。シンプルですが、具材を鍋でしっかり煮込むことで、肉や野菜のだし汁がしっかり摂れて、身分の階層を問わず、スペインで愛されました。

ヘンリー8世

　本章冒頭に登場したイングランド王ヘンリー8世の食事情も紹介しましょう。1520年6月、ヘンリー8世は神聖ローマ皇帝カール5世と敵対するフランス王フランソワ1世にフランス、カレー近郊のバランエムの平原へ招かれます。そこで両君は「金襴の陣」と呼ばれる首脳会談を行ないました。当時のイングランドは、大陸諸国と比べて後進国だったため、様々な施策を考える必要がありました。

　両国はテントを張り、そこに専用の厨房を設けます。イングランドの厨房では国中から集められた食材をさばいていきました。約12000人の王族、貴族、付き添い人、使用人が集まり、巨大な仮設の宮殿で歓迎会も行われ

ました。食材の例を挙げてみると、アナゴ700尾、タラ488尾、イルカ1頭、ザリガニ2800匹、牡牛373頭、羊肉2014頭分、豚18頭、若鶏331羽、雉82羽という、莫大な量の食材が中国から集められました。

16世紀のイングランドでも中世の食の伝統を受け継いでおり、目で楽しむ料理も提供されました。「香辛料をきかせた砂糖菓子で作ったチェス盤」などはきっと、フランス側の驚くさまを想像しながら作っていたのでしょう。

なお、金襴の陣は6月7日から6月24日まで行なわれ、王たちは、馬上槍試合やアーチェリー、そしてレスリングに興じました。ヘンリー8世はフランソワ1世にレスリングで勝負を挑むも、完敗し気分を害したそうです。それがきっかけではないでしょうが、イングランド中から集めた食材を用いた外交はうまくいきませんでした。その上、イングランドとフランスの平和は長続きせず、1521年にカール5世がフランスと戦った時には、ヘンリー8世は当初フランスに協力しようとするも、結果的にカール5世を助けて参戦し、北フランスを攻めることとなりました。

イノシシの焼き肉とカール5世

1556年、神聖ローマ帝国皇帝カール5世の退位式が行なわれました。そして、皇帝から退いたカール5世はスペイン内陸部エストレマドゥーラ地方のユステ修道院に隠棲しました。隠棲後は痛風や動脈硬化による様々な症状に苦しめられたカール5世ですが、旺盛な食欲は健在でした。

食事に関する逸話は数多く残っています。「牛の肉、羊のロースト、野ウサギのロースト」をペロリと食べつくしている様子をイングランドの英語学者ロジャー・アスカム（1515頃〜1568）は不思議そうに眺めていたそうです。カール5世の味覚は胃袋と同様に非常に麻痺していて、食卓に出される肉が同じで味気ないと常に不満を漏らしていました。食べることは、唯一の肉体的欲求だったのです。

そんなカール5世の大好物はイノシシのローストでした。16世紀のスペインの料理書にイノシシ料理が登場します。煮込み料理なので、アレンジして再現します。

　野豚やイノシシの肉を3cm大に切り、脂身の多いベーコンを薄切りにする。そして望むだけの数をイノシシ肉の上に並べる。それを鍋に入れて炭火で軽く炒める。切ったタマネギと一緒に、サフランとシナモンを除いたすべてのスパイスをタマネギと一緒に入れ、そして、赤ワインとビネガーを少しずつ入れてよく煮込む。そして、刻んだハーブをすべて入れる。このようにして、ラードのブロスを作る。

（ルペルト・デ・ノラ　『料理の書』）

　ルペルト・デ・ノラが著したスペインの料理書『料理の書』は1520年にバルセロナで出版されました。カタルーニャ語で書かれています。ノラはナポリ王フェルナンド（1423〜1494）に仕えた料理人で、本書はカタルーニャ語で4回、スペイン語で10回出版されました。

　この本に登場する料理は、16世紀の共通の「地中海料理」と言えるでしょう。中世のカタルーニャ料理とイタリア料理の本を見ると、それぞれの料理が互いに影響しあっていることがわかります。ノラのレシピの中には、ジェノヴァ、ヴェネツィア、ロンバルディーア、そしてフランス料理の影響を受けているものが見られます。

ルペルト・デ・ノラ『料理の書』表紙

「農民の婚宴」の料理の謎に迫る

　有名なピーテル・ブリューゲルの絵画「農民の婚宴」に出てくる料理。これは何か、疑問に思ったことはありませんか。スープなのかプディングなのか。

　平たい皿に液体状というよりも固形のような食べ物が入っています。右下に目をやると、大勢の客人に料理を配っている姿が描かれています。2人の男が運ぶ戸板の上には、黄土色のものが8つ、白色のものが2つあります。2つだけ白いのも解せませんが、今回、そこには触れずにおきましょう。可能性としては以下のものが考えられます。

1. スープ　スープは液体です。配膳の人は勢いよく傾けて手渡しているため、こぼれてしまいそうです。

ピーテル・ブリューゲルの絵画「農民の婚宴」

2．粥　粥の場合、もう少し、麦や野菜が加わっていてもいいでしょう。とろみの点では問題ない印象です。

　3．プディング　プディングは牛乳と卵を使って蒸した料理の総称です。固形ですからこぼれる心配はなく配ることができます。ですが、絵画の左下部をご覧ください。指ですくって食べている子どもがいますが、彼はバターを塗ったパンや指でこの料理を食べています。つまり、ドロドロとした状態のものをすくって食べていることがわかります。1390年刊行のイングランド歴史料理書である『料理の方法（ザ・フォーム・オブ・キュリー）』にはローズ・プディングのレシピが載っています。貴族の料理ということで、シナモンやジンジャー、デーツなどが加わっていますので、米粉や砂糖、アーモンドミルク（もしくは牛乳）というシンプルな材料で固形を目指して作るのなら選択肢に挙げられるでしょう。

　4．ポレンタ。これは乾燥させたトウモロコシを挽いて粉にしたコーンミールを、粥状に煮たイタリア料理です。トウモロコシが新大陸から伝来してきたのが1500年頃で、16世紀にスペインのセビリアで栽培され、1500年代半ばには地中海に広がり始めたところです。ちなみに、ポレンタの元々の意味は穀物の粉に水やスープを加えて火にかけて練り上げたもので、時代が経つにつれポレンタはコーンミール粥を指すものに変容したのです。コーンミールのポレンタがブリューゲルの時代にブリュッセル近辺で、婚宴での料理のメイン食材となるかというと疑問符です。（ポレンタについては、第8章フリードリヒ2世のポレンタ料理、248ページをご参照ください）。

　そのほか、ブリューゲルのこの絵画の料理として候補に挙がるのが、オランダ語フラーイ（Vlaai）で、伝統的なペストリーです。どちらかというと大きく焼いて何人かで切り分けて食べるものなので、この絵画の料理には該当しなさそうです。

　前章のジャンヌ・ダルクの項で説明している通り、この時代より1世紀

ほど前の中世ヨーロッパの時代では、麦の収穫量が少ないため生産者である農民たちは、ブイイと呼ばれるお粥のような流動食を主に食べていたそうです。ブリューゲルの生きた時代は、中世世界から近世への移行期にあたりますが、農民が伝統的に習慣的に食べているものが劇的に変化するには至りませんでした。よって、このブイイを選択肢の候補に挙げたいです。

　普通の家庭のブイイでは、単に麦粉に水を加えて煮込むしかなかったようですが、この絵の描写は婚宴、つまりハレの日にあたります。粗挽きの麦粉を牛乳、バターそして卵を加えて贅沢に仕上げたと考えてもよいでしょう。また、野菜は絵の描写からは確認ができず、入っていたとしても少量でしょう。

　子どもがなめるように味わっている描写から、甘味としてのハチミツも加えたと予想できます。さらにコクのある鶏肉のゆで汁（チキンストック）も加えて、ドロドロとした濃厚なブイイを作ったと予想できます。

　ここまで絵画から様々な食材を推理してきましたが、薄力粉セモリナ粉、とオート麦粉などの粉もの、牛乳、バター、卵、ハチミツ等の甘みで構成された現代の料理にカスタードクリームがあることに思い至りました。実際、中世ヨーロッパでは、ペストリーで焼いたカスタード（カスタードタルト）は非常に人気がありました。カスタードの語源は、フランス語「クルスタード　croustade」にあり、元々タルトの皮を指しています。

　既に紹介している『料理の方法（ザ・フォーム・オブ・キュリー）』にはCrustardes of flesch（食肉用のクロスタード）やCrustardes of fysche（魚用のクロスタード）、そしてCrustardes of erbes（ハーブのクロスタード）などの記述が見られます。実際、肉や魚、ハーブを鍋で煮込んだ煮汁も使っていました。そして、これらはタルトの詰め物として用いられました。また、甘みをつける際はハチミツを加えていました。

　ブイイを応用して煮込んだものと想定して謎解きを進めていましたが、農民たちの年に数度の祝宴というハレの舞台に使う食材を推理したら、カスタードクリームの原型なのではないかと導かれました。

ところで、前で紹介したフラーイ（vlaai）の、「vla」がcustardに相当するようです。ここまでまとめた通り、カスタード（クロスタード）は、タルトの詰め物ですから、ブリューゲルの頃のフラーイも、詰め物の意味だけでパイで包む発想はなかったかもしれません。そのようなわけで、今回の料理の謎解きの１つの解として、「ブイイ・エン・フラーイBrouillie en Vlaai」という呼び名を考案しました。ブリューゲルの活躍地にあたる現在のベルギーで使われる主要２言語のどちらでも読める名前で、フランス語では「カスタード風のお粥」、オランダ語では「粥とカスタード」です。粥から発想をスタートさせ、カスタードへたどり着いた料理という推理です。

　絵の中心に描かれている表情豊かに姿勢を後ろに倒す男性やその二つ隣でじっくり味わっている女性の描写から、このブイイ・エン・フラーイの美味しさが伝わってくるようです。

　バグパイプの演奏も婚宴を華やかにしたと思われますが、バグパイプ奏者は演奏そっちのけで料理をじいーっと凝視しています。そこに招待された客人たちの料理と飲み物と音楽がその場を包み込んで非常に幸せな様相がこちらにも伝わってくる絵画です。

新大陸からの贈り物と中世料理の継続

　大航海時代に入った16世紀は新大陸から定期的に新食材がスペインを中心にもたらされ、ヨーロッパでも栽培が始まった世紀でした。スペインのカルロス１世（カール５世）の治世ではカカオ、トウガラシ、トウモロコシ、インゲンマメそしてサツマイモなどがスペインにもたらされ、これらの食物はスペイン各地で栽培されるようになりました。

　一方で、トマトなどは静かにヨーロッパに入ってきて、ひっそりと育てられました。この世紀におけるトマト栽培は少しずつ広まったに過ぎず、文字史料に数多く見出されるまでにはもう一世紀かかりました。新大陸と

旧大陸の食材が融合し、新しい料理が作られるにはまだまだ時間がかかりました。

　近世ヨーロッパにおいて、各国では中世的な伝統を引き継ぎます。例えば、フランスでは、中世の『ヴィアンディエ』の再販が続き、味付けや料理法の大きな変更はみられません。その中で、変わりはじめたのがイタリアでした。食の世界で15世紀に活躍したプラーティナの健康と食事をテーマにした書物は新たな概念として理解され、レオナルド・ダ・ヴィンチの食の考え方の基本ともなりました。また、野菜のレシピが豊富だったローマ帝国のなごりで、イタリアでは野菜に着目し、肉ばかり食べている貴族たちも野菜をとるようになっていきます。また、プラーティナは香辛料の抑制にも目をつけましたが、こちらは各国の印象を変えるまでに至りませんでした。しかし、イタリアからのテーブル作法やカトラリーの普及にともない、少しずつ食卓にも変化が表れはじめます。

　16世紀の料理3品がこちらです。

　1．アーティチョークパイ…食事作法と宮廷の祭典での企画実行力に優れたカトリーヌ・ド・メディシス。彼女の「伝承」ではなく、好みの食材を使って16世紀の料理書からパイ料理を作ります。16世紀の新たな料理書はイタリアから生まれました。（レシピ241ページ参照）

　2．猪のロースト…カール5世の食伝説から、猪料理を取り上げます。猪料理はカタルーニャ語で書かれた16世紀の料理書に載っています。それは、スペイン固有のというよりも地中海共通の料理でした。貴族間のネットワークが各都市の料理に影響を与え合っていました。（レシピ244ページ参照）

　3．ピーテル・ブリューゲル《農民の婚宴》料理…ブリューゲルの絵画の謎解きです。婚宴に出された料理が何だったのかを考えていきました。

農民たちが食べていた様子は様々な記録からわかっています。中世からの伝統的かつハレの日にふさわしい味付けや加える食材を考えて解を導いています。(レシピ242ページ参照)

　中世の伝統を受け継いできた16世紀ですが、新大陸からの贈り物や各国の食事情の互いの影響を受けて、少しずつ変わり始めようとしています。次章では17世紀にどのような料理を食べられていたか、味つけの革命は起きたのか。歴史的事件もまじえて説明します。

第 **7** 章

新旧大陸の
マリアージュ

17世紀

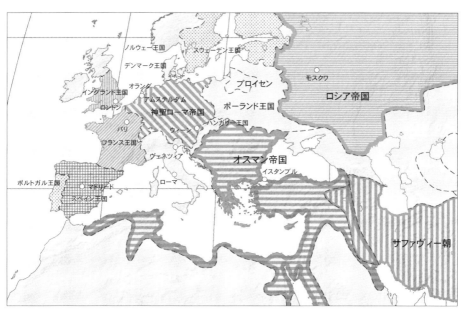

17世紀のヨーロッパ

17世紀の食卓
―フランスの洗練

ドラント

すてきなパンの話もね。きれいな切り口で端の方は黄金色に焼き上がって、焼き色のついたところがそこかしこ、外はカリッと中はしっとり。ビロードに輝く白ワインも、けばけばしさとは無縁の緑がかった美しい色あいで。羊の肋骨肉にはパセリが刺してあって。仔牛は脂たっぷりの腰肉のあたりを惜しみなく使ってあって、これも身は乳白色で繊細な味わい、まるでアーモンドのパテを噛むような歯ざわり。ドキドキするような香りが漂うウズラ料理のことも。それからとっておきのご馳走の皿も！真珠のごとく輝くブイヨン［を注いだ鉢］の下には大きな七面鳥、そのまわりには小鳥を焼いたのがたくさん添えてあって、上には白タマネギを散らしてあって、チコリをきれいに飾ってあって。ああ、私は自分の無学を恥じ入るばかりですな。ジュルダンさんの口上こそ実にご立派でございましたよ、あれこそドリメーヌさん、あなたに召し上がっていただくにふさわしいものでした。

（モリエール『町人貴族』第4幕第1景より、白沢達生訳）

1661年、フランス国王ルイ14世（1638～1715）は親政を行ない、王権の絶対化、植民地の開発、産業の発展に努め、67年からは領土拡大を考え、対外戦争を繰り広げました。そして、ハプスブルク家の弱体化を狙いオスマン帝国と利害を共にしました。

1669年11月、オスマン帝国のメフメト4世（1642～1693）からの命を受

けて、使者ソリマン・アガ（生没年不詳）が使節としてフランスを訪れました。アガの任務は単純で、メフメト4世からの手紙をルイ14世（1638～1715）に渡すだけのものでした。一方、ルイ14世側では、東洋専門のトルコ語翻訳者が宮廷用語を知らないなど、事情を複雑にした要因がありました。しかも、アガが会った最初のフランスの外務大臣ユーグ・ド・リオンヌ（1611～1671）は、トルコ風の衣装を着ていました。本来ならば、外国からの使者の訪問という単純な話であったはずが、アガの肩書が隠され、外務上の連絡ミスなどの過ちが連続したために、悲劇的な様相を呈しました。また、ダイヤモンドで飾られた椅子に座ったルイ14世の壮麗な姿は、王がオスマン帝国との貿易を重視していたことを示していました。しかし、お互いの儀礼の違いによって、相手が不遜だと思い込んだことやアガが実際には大使でなかったことが判明したことから、交渉ははかどりませんでした。

　その後も、フランスは拡大政策を進め、イスタンブルでオスマン帝国との同盟強化を図り、ハプスブルクへの圧力を定期的にかけていきました。その結果、1683年オスマン帝国による大規模なヨーロッパ進撃作戦である第2次ウィーン包囲が起こったのです

町人貴族の誕生

　ルイ14世が劇作家モリエール（1622～1673）と宮廷楽長ジャン＝バティスト・リュリ（1632～1687）に作らせた『町人貴族』は、この1年間のオスマン帝国との外交交渉のミスの連続と先方の不遜な態度による外交的侮辱をそらす手段、いわばガス抜きとして選ばれました。

　劇は徹底的にトルコ文化を笑える要素に落とし込み、フランスの文化的優位性の凄さを聴衆に見せつける絶好の機会になりました。劇中でコヴィエルがジュルダンに向かって話す言葉には、架空の言語ですが、かろうじてわかるようなトルコ語が散りばめられていました。異国情緒が漂うトル

コ風の衣装は、劇のコメディー効果を印象づけました。

アガが伝えたコーヒーの香り

　フランスとオスマン帝国の1669年の邂逅の結果、２つの出来事が生まれました。１つは既に紹介した『町人貴族』続いてオスマン使節ソリマン・アガの１年のフランス滞在中に、トルコ・スタイルのコーヒーをパリに紹介したというものです。パリの貴族たちは、ソリマン・アガが滞在する館に連日訪れてコーヒーを飲み、飲んでからは客へのもてなしにコーヒーを提供しました。ソリマン・アガの帰国後も、コーヒーの普及が急速に進んでいきました。

　それでは、コーヒーはどこで生まれ、どのようにしてヨーロッパに入ったのか、そのルーツを確認しましょう。

魅惑のコーヒーの到来

　コーヒーはもともと、東アフリカのエチオピアが原産でした。そこから対岸のイエメンに伝わり、15世紀前半にはイエメンのスーフィー教団によって、夜遅い祈りの時刻まで起きていられるよう、眠気覚ましとして11世紀ごろからイスラム世界で飲まれるようになりました。そして、この習慣によって、コーヒーとその知識はアラビア世界に広まり、アラビア半島を北上していきます。コーヒーは、15世紀末にメッカへ、16世紀初頭にカイロへ、そして16世紀半ばにイスタンブルへと到達しました。

　これまでも、アラブ地方を訪れたヨーロッパの旅行者が、この黒い飲み物を人生で初めて見て、自ら味わい、その匂いや味わいに感銘を受けて、持ち帰ろうと試みますが、イスラム教との関連を理由に阻まれてきました。しかし、イスタンブルにコーヒーが伝来し、コーヒーの流通経路が確立され、コーヒーハウスが開設されると、ついに、コーヒーの波が、堰（せき）

を切ったようにヨーロッパ世界へ押し寄せるようになりました。

　1575年のヴェネツィアにて、ヨーロッパでコーヒーが初めて淹れられました。ちょうど同時期にコーヒーや、チョコレート、そして紅茶などの新たな嗜好品が、アジアや南米大陸から続々とヨーロッパにもたらされました。貴族たちはどの未知なるドリンクに手を出そうか逡巡しているような状況でした。コーヒーはヴェネツィアを玄関口にし、1600年代には、オランダ、イギリス、フランスとヨーロッパを席巻し、1665年にウィーンに伝わりました。

　イギリスにコーヒーハウスが登場するのは1650年ごろのオックスフォードで、それからロンドン、アムステルダム、ハーグ、マルセイユ、パリ、ブレーメン、ヴェネツィアなどの主要都市で続々とコーヒーハウスが開店していきました。

第2次ウィーン包囲とコーヒー伝説

　そんなコーヒーですが、ことハプスブルク帝国での話となると、コーヒーの普及時期はあいまいとなります。というのも、ウィーンはヨーロッパの中でもオスマン帝国領から非常に近い場所にありました。また、オスマン帝国は、たびたびヨーロッパ進撃の足掛かりとしてウィーン包囲を行ないました。そうした混乱のために、はっきりとした時期を明言できません。

　公的な記録は1665年。和平条約締結のため、ウィーンに派遣されたトルコ代表団の中にコーヒー給仕がいました。その人物の影響なのか、翌年の1666年にはハプスブルク帝国内でコーヒーの取り引きがさかんに行なわれたという記録が残されています。その後、1668年7月6日の皇室財政記録文書の記述には、コーヒー20ポンドを輸入したベオグラード商人の記録が残されています。

　なお、ウィーンのコーヒーにまつわる話では、ゲオルク・フランツ・コルシツキー（1640～1694）の伝承が有名です。コーヒーにまつわる歴史の

本では、必ず取り上げられていると言ってもいいこの伝承ですが、先に結論を言っておきましょう。伝承のほとんどすべてがフィクションです。

コルシツキーの「英雄譚」は以下の通りです。ポーランド語、セルビア語、トルコ語、そしてドイツ語に堪能だったポーランド人のゲオルク・フランツ・コルシツキーは、兵役に志願します。1683年の第二次ウィーン包囲の際に、コルシツキーは、皇軍の伝令役として活躍。トルコ軍陣地を横断する危険な伝令役を何度も務め、ポーランド・オーストリア連合軍の勝利に貢献しました。トルコ軍が逃走した後に、2万5千張のテント、1万頭の牡牛、5000頭のラクダ、10万個の穀物袋、その他に多くのコーヒー豆の袋が残されました。コルシツキーはこのコーヒー豆の袋を貰い、これをもとにウィーン初のコーヒーハウスを開設した、というものです。

実際のコルシツキーは、1680年から82年にかけて、通訳あるいはオーストリアのスパイとして、ウィーンとコンスタンティノープル間を往復したといわれているだけで、1683年の第二次ウィーン包囲で何をしていたのかはわかっていません。コルシツキーの「英雄譚」は、オーストリアのコーヒーの歴史に箔をつけるために19世紀以降に作られたもののようです。ほぼ無名の人物であるものの、トルコとウィーンに関連し、第二次ウィーン包囲の起こった年代の前後に活動した人物という点が、後世、コーヒーの歴史を伝える際の逸話の主人公にうってつけだったと考えられます。

記録に残っているウィーン初のコーヒーハウスは、アルメニア人のヨハネス・ディオダートが、1685年に開設し、営業を開始したものです。オーストリアでのコーヒーの売買は、アルメニア人が一手に引きうけていました。

1697年には、ウィーンで認可を受けたギルドである、コーヒー職人兄弟団が創設され、コーヒーにミルクを加える飲み方が提唱されました。具体的には、お客はコーヒーの色を見ながら、好みの濃さになるようミルクを加えていく飲み方です。ミルク入りコーヒーの始まりです。

ちなみに、ウィンナーコーヒーは、ドイツ語では文字通り「ウィーン風

コーヒー」という意味しかなく、ウィーンには、日本で思い浮かべるような、コーヒーの上にホイップクリームを浮かべた飲み物は存在しません。メランジェ、ブラウナー、アインシュペナーなどの「ウィーン風コーヒー」も19世紀以降に生まれたものです。

フランスとコーヒーの繋がり

フランスにおけるコーヒーの広がりは、冒頭のソリマン・アガのコーヒー持ち込み説以外にマルセイユのコーヒーハウスからパリに伝播した説など様々あります。1660年代のフランスでコーヒーを味わった人は、上流階級の一部に過ぎませんでした。

一方で、1666年12月2日刊行の『La Muse de (la) Cour』には、早くもコーヒー愛飲家となった詩人が次のような「コーヒー讃歌」を表しています。

「カヴェ（kavé）」の美徳

アラビアの飲み物
もしくは、トルコぽさを気取るなら
レバントでは誰もが飲んでいる
アフリカでも、アジアでも
コーヒーはイタリアをかけめぐり
オランダと英国人たちのいるところも席巻した
効能を知っている人たちのところを
そしてこの都パリのアルメニア人が
コーヒーをフランス人たちにももたらした

コーヒーが伝わってきたばかりのフランスでは、コーヒーは人間の心身に悪いらしいという風説もありました。どうやら、毒性もあるようで、飲んでみたい欲求はあるものの、イスラム圏で飲まれていたドリンクかつその黒い色から、二の足を踏んでいたところがありました。そこで、豊穣と

『La Muse de Cour』の表紙

清純のシンボルと言われていた牛乳をコーヒーに加えて、コーヒーの「毒性」を中和させます。そうやって、混ぜ合わさった「白いコーヒー」を飲んでから、4時間程度食事をとらないでいると、コーヒーが胃に染みこんで、それが非常に身体に良いと見なされました。

　コーヒーの毒性も、コーヒー牛乳の効能も、現代の科学にとっては、噴飯（ふんぱん）ものでしょうが、当時はそんな迷信が信じられていました。その後、フランスでは、コーヒーが牛乳や砂糖と一緒に飲まれるようになると、爆発的に広まり、たちまちあらゆる階層で飲まれるようになりました。

　1680年代から90年代には、人文学者のフィリップ・デュフュール（1622〜1687）が「コーヒーをミルクに入れて少々煮詰めるとチョコレートのフレーバーがするようになり、すべての人が気に入るだろう」や、フランスの貴族セヴィニエ侯爵夫人マリー・ド・ラビュタン＝シャンタル（1626〜1696）は娘への手紙に「牛乳を砂糖とおいしいコーヒーと混ぜることを思いついたのです」と書き記し、カフェ・オ・レ普及の要因について語っています。こうして、歌詞の一節に「アラビアの飲み物」と歌われた黒い液体は、ミルクで「中和」することによって、フランス人たちの飲み物へと変容させたのでした。

ホットチョコレート

　カカオとチョコレート飲料をヨーロッパにもたらしたのは、このアステカ帝国を征服したスペイン人でした。前章で言及したようにエルナン・コルテスがカルロス1世に書簡でカカオについて報告しています。また、ア

ステカ人のチョコレートの作り方が書かれている貴重な資料に、『テノチティトラン見聞記』があります。「無名の征服者」と呼ばれた人物が、1556年にヴェネツィアで刊行したものです。具体的には、アーモンドもしくはカカオをすり潰して粉にし、突起のついた鉢に入れて、水を加えてスプーンで混ぜるというものです。このドリンクを飲む時は泡が静まってから少しずつ飲み下せるように口を開けるという指示があります。「無名の征服者」は、このチョコレートドリンクがこの世のあらゆる飲み物よりも、健康的で滋養に富んでいるとレシピ内で感想を綴っています。

　こうして新大陸のスペイン人たちがチョコレートを飲みはじめるようになり、本国に戻る時にはチョコレートを持ち帰りました。カカオ豆の荷がスペインのセビージャに届けられたのは、ヴェネツィアにコーヒーが着いてから20年後の1585年のことでした。当初、チョコレートは嗜好品ではなく、医薬品でした。身体の状態を改善させるものとして、チョコレートはヨーロッパ世界に徐々に広まっていきました。

　宮廷から宮廷へ、貴族の館から館へ、修道院から修道院へと広まっていったチョコレート。17世紀スペインの宮廷で早くもチョコレートはブームとなります。スペイン・アンダルシア出身の外科医アントニオ・コルメネロ・デ・レデスマ（生没年不詳、17世紀）は、1644年に『ショコラタ・インダ』というチョコレートに関する本を刊行し、その中で当時のチョコレート飲料のレシピを載せています。

　材料はカカオ豆、チリペッパー（黒コショウで代用可）、アニス、イアフラワーなどの花（バラの花びらで代用可）、バニラ、シナモン、アーモンド、砂糖など。乾燥させたカカオマス（発酵させたカカオ豆を焙煎して種皮を取り除き、細かくすりつぶしたもの）を、湯とともに専用のチョコレート沸かしに入れて、泡立てながら攪拌します。このやり方は先に紹介したアステカ帝国での飲み方とほぼ変わらなかったようです。

　中央アメリカからスペインの宮廷に持ち込まれ、薬として広まったチョコレート飲料ですが、時代を経と薬用から嗜好品に変わり、またヨーロッ

パの食材と結びついて進化を遂げていきます。17世紀後半トスカーナ大公国の言語学者にして、医者のフランチェスコ・レディ（1626〜1697）は、『トスカナのバッカス』というタイトルの詩集の中で、チョコレートを楽しむためにレモンの皮やジャスミンの香り、そして龍涎香（マッコウクジラの腸内でできる芳香性の物質）を加えると書いています。

　17世紀にスペインを中心に広まりつつあったチョコレート飲料は、次第にヨーロッパを席巻し、用途に応じて固形としても使われるのですが、それは18世紀以降のお話です。

紅茶もヨーロッパへ

　ヨーロッパ世界と茶の接触は、1610年のオランダ船が初で、商用として持ち込まれました。なんと最初の輸入品は緑茶でした。その後、長い船旅に耐えうる紅茶が輸入されました。当時のヨーロッパでは、コーヒーと同様、お茶についても健康や生命の危機に関する様々な議論が活発に行なわれていました。

　当初、フランスでは17世紀後半、貴族の間で紅茶がもてはやされました。やけどを避けるため牛乳を入れてミルクティにして飲んでいましたが、コーヒーとココアがフランス宮廷に入ってくると、人々はそちらの魅力に取りつかれてしまいました。そして紅茶はコーヒーなどに比べて大変高額だったので、次第にすたれていってしまいました。

　はじめて紅茶をヨーロッパに導入したオランダも同様で、紅茶の需要はコーヒーやココアなどに奪われてしまいました。

　イギリスでは、宮廷を除いて17世紀末に紅茶を飲む者は稀でした。1699年の紅茶の輸入量はわずか6トン程度だったのです。イギリスと紅茶の「蜜月」は18世紀になってからでした。

紅茶とイギリス宮廷

イギリスにおける紅茶の普及は、宮廷から始まりました。1662年、ステュアート朝のイングランド王チャールズ2世（1630～1685）がポルトガル王ジョアン4世（1604～1656）の娘キャサリン・オブ・ブラガンザ（ポルトガル名：カタリナ・デ・ブラガンサ）（1638～1705）と結婚しました。チャールズ2世との結婚に際し、多くの持参金（実際のところお金ではなくポルトガルの海外植民地の交易権など）を持って宮廷に入り、その中に茶箱がありました。当時、紅茶は大変な高級品で、手に入れることは容易ではありませんでした。しかし、キャサリンは毎日のように飲んでいたのです。当時、貿易先進国として繁栄したポルトガルの王女だったからこそできた贅沢でした。彼女が生活していたサマーセット・ハウスでは、訪問者に紅茶が毎日のように振る舞われ、人気を呼んでいました。これによって、イングランドにおける喫茶の習慣が確立していきました。キャサリンが英国宮廷にもたらして称賛されたものが、茶と東インド諸島へのアクセスでした。

こうして、イングランド宮廷の貴族の間で紅茶を飲む習慣ができました。時を同じくして東インド諸島からイギリスへの独占輸入権を認められていたイギリス東インド会社が市場シェアを拡大していきました。1660年代に、オランダから少量の良質の茶を取り寄せ、イギリス王チャールズに贈り物として献上すると、王は紅茶などの贈り物をいたく気に入り、東インド会社に強大な権力を与えていったのでした。

アルノ川の恵み

16世紀イタリアの有名人が味わった料理を紹介しましょう。イタリアの物理学者であり天文学者のガリレオ・ガリレイ（1564～1642）です。さて、ガリレオ・ガリレイは何を食べていたでしょうか。彼の手紙にその答えが

載っています。

時は1617年、様々な手紙をガリレイは記しています。その前年の1616年がコペルニクスの地動説の正しさを論じたガリレイに対する最初の宗教裁判があり、結果、検邪聖省の決定により、ニコラウス・コペルニクス（1473〜1543）の『天球の回転について』およびほかの書物２点の閲覧と地動説の教えを禁じられたのでした。ガリレオの人格はメディチ家や友人たちの威光と援助によって守られました。

1617年の手紙では、カリフラワーの種や「ヴェネツィアで冬のメロンと呼ばれるも

Le opere di Galileo Galilei : edizione nazionale sotto gli auspicii di sua maesta il re d'Italia. Vol. 12
Galilei, Galileo (1564-1642).

の」なる瓜のたぐいの話が登場します。なんでも、黄色くて南瓜のようだったとか。２年後の1619年にはグリーンピース（イタリア語でピセッリ）をゆでるという話題も出てきます。

数学者でガリレオの友人でもあるベネデット・カステリ（1578〜1643）からもらった手紙にはガリレオのメモ書きが次のように残っています。

> アルノ川の魚、蟹、ウナギとパイク、マッシュルーム、山羊のミルクチーズ等、桃、卵、アンチョビ。イチジク、アゼルオール、ワイン３フラスコ。パン、レモン、ブドウ、ガラス。移植用ハーブ。農家を探す。

魚や各種食材を手紙の空きスペースにメモとして残しています。まるで、レオナルド・ダ・ヴィンチを彷彿とさせるエピソードです。さて、アルノ川はイタリア中部、特にトスカーナ地方を流れる川で、フィレンツェ、ピサを抜けて地中海の海域の一つであるティレニア海に流れ込みます。ガリレオのメモに「ウナギとパイク」と記されていますが、現在でもアルノ川でウナギなどの淡水魚を見かけたという報告がされています。

そんなアルノ川の魚で源流に生息しているのが鯉です。そこで、ガリレオの「アルノ川の魚」というメモとガリレオが生きていた頃のイタリアの料理書から鯉料理を見つけてきました。

1570年、ガリレオが6歳の頃、バルトロメオ・スカッピが著した料理書『オペラ』には、鯉のマリネ料理が載っています。

マリネにして保存する。

マリネにしたい場合は、内臓を取り、お好みで鱗を取り、30分ほど塩漬けにする。小麦粉をまぶし、オリーブオイルで揚げる。揚げた後、酢、白ワイン、マストシロップを同量ずつ入れ、十分な塩、コショウ、サフランを加えて沸騰させた土鍋に入れ、そのまま置く。好みに応じて熱いまま、または冷やして食べる。

（バルトロメオ・スカッピ『オペラ』）

酢漬けやマリネの料理法がスカッピの料理書にはありました。上に抜粋したのは、マリネのレシピです。酢漬けのレシピに使われる食材——ローリエ、フェンネルシード——も加えます。マストシロップはブドウ果汁なので、バルサミコ酢で代用しましょう。

ちなみに、第3章（中世前期）で使い分けられていたオリーブオイルとラード及びバターは、時代の経過とともに混ざり合い、中世のシステムに組み込まれていったと書きました。スカッピの料理書では、このシステムがどう解決され整理されたかが記されています。

ラードと獣脂は「肉食の」グラッソ日、バターは「肉断ちの」マーグロ日（金曜日と土曜日）、オリーブオイルは祭日の前日と四旬節で使い分けられるようになりました。また、ラードとバターの割合では、バターの使用が多くなっていきました。

ガリレオのメモ書きから、期せずしてイタリアのマリネや酢漬けの料理を見つけることができました。アルノ川の恵みをご賞味ください。

マカロニ喰いのナポリ人

イタリアで真っ先に思い浮かべる料理がパスタかと思います。実は、長い間パスタはイタリアではたくさんある料理の内の1つでした。

16世紀でも、パスタは珍味のくくりとみなされ、イタリアではパン、ミネストラ、野菜、肉が主食でした。17世紀半ばに、南イタリアのナポリでは、マッケローニやその他のパスタを主食として食べ始めるようになったのです。その背景には、人口の増大及び経済的危機による食糧事情の悪化と、マッケローニ製造の技術革新（捏（こ）ね機の普及とプレス機の導入）がありました。なお、マッケローニは、現代の我々が知っている短い筒状のパスタである「マカロニ」の意味だけでなく、18世紀のナポリでは、パスタの総称であり、パスタと同義語でした。

こうして18世紀になると、ナポリ人はこれまで与えられていた「葉っぱ喰い（マンジャフォッリエ）」にかわり、「マカロニ喰い（マンジャマッケローニ）」と呼ばれるようになりました。

マッケローニをガツガツ食べるナポリ人の姿は、当時の旅行者たちに強烈な視覚イメージをもたらしました。その証拠に、「マンジャマッケローニ」や「マッケローニ」のタイトルで、路上で細長いパスタを指で掴んで食べているナポリ人の絵が多く描かれています。

ハプスブルクの贈り物、オランダ黄金世紀の肉祭り

『賢い料理人 De verstandige kock』は1667年にアムステルダムで出版された料理書で、当時のオランダで何が食べられていたか手掛かりとなるレシピ本です。"De verstandige kock" を英訳すると "The sensible cook（賢い料理人）" という意味になります。この本には献立の一覧表、食材の特徴と使い方、食材別料理法などが書かれています。

富裕層のキッチンで実際によく使われた保存食や煮込み料理など、17世

紀のオランダ料理がどのようなものだったのかがとても理解できます。また、表紙の絵には猫がお魚を狙っている描写があるなど面白いです。

　その中の一品にオリポドリゴ（Olipodrigo）があります。耳なじみのない単語です。現代オランダ語にもその単語はなく、どうやら古いオランダ語の固有名詞のようです。料理法に基づいたごった煮という意味合いのようですが、ここでは、オリポドリゴとしておきます。

　おそらく、このレシピはスペインの祝宴の料理オリャ・ポドリーダ（第6章参照）がオランダに伝わったものと思われます。オリポドリゴのレシピはごった煮の名にふさわしく、鶏肉、ラム肉、牛肉など様々な肉と様々な部位を煮込みます。

56　豪華なオリポドリゴの作り方について

状態の良いケイパン（去勢鶏肉）、仔羊肉、仔牛肉、牛肉を用意し、その全てをよく煮込む。次いで腸詰め、豚足、羊の足、肋骨肉、2束の骨髄、フリカデルのように球状にした仔牛肉を入れる。全体がほぼ煮えるまでにエンダイブを手鍋で下茹でし、胸腺、羊の睾丸を準備、それらをまとめてエンダイブを茹でている器に入れて煮込む。そこに粒胡椒とメース、ナツメグ少々も加え、いったん羊肉と豚足は［鍋の中の］下の方にやり、他の肉はその上に配する。そこからまた30分ないし45分ほど煮込む。しかるのち煮汁は別に取り出し、そこに全卵を4〜5個分加え、ぶどう汁を合わせて軽く混ぜ、たっぷりバターも入れて、全体を煮詰め、煮汁以外のもの［＝肉類全般］をとっておいた皿に注ぎかける。季節によっては栗、アスパラガス、アーティーチョークなどを別途調理して添えるのもよい。固茹で卵2個分と堅焼きパンを砕き、パセリをみじん切りにして別添するか、全体に散らすと美味である。

（『賢い料理人 De verstandige kock』榊原順子、白沢達生訳）

　当時、オランダは世界で最も多くの商船を持ちました。1602年オランダで世界初の株式会社である、オランダ東インド会社が設立されます。この企業を通じ、香辛料貿易の独占を図りました。当時の香辛料貿易はレシピにも載っているナツメグやクローブなどが主でした。クローブは『賢い料理人』の魚のレシピで使われました。また、オランダ東インド会社は日本

『賢い料理人 De verstandige kock』の表紙

『賢い料理人 De verstandige kock』の
オリポドリコの説明部分

との交易も手がけ、江戸幕府と交渉し、鎖国下の日本で欧州諸国として唯一長崎出島での交易が認められました。

オランダは共和国として、富裕な市民へも開かれた形で食を展開しました。贅沢なオリャ・ポドリーダを食せるのは王侯貴族の一部だけというスペインの状況と異なり、オリポドリゴを体験した人数は多かったと思われます。

ブルボン朝の料理政策

17世紀のフランスは、中世料理から脱却した新しい料理のスタイルを築きました。ブルボン朝はパリのサロン文化や啓蒙思想を海外にアピールする文化政策を進めており、料理を国家レベルの政策と捉えていたわけですが、中世の貴族たちが個人の富と権威のアピールに料理を使っていたことと比べると、そのスケールの大きさに驚かされます。ルイ14世の時代には宮廷料理の関心が高まり、17世紀後半以降、豪華な祝宴の中にグランド・

キュイジーヌ（高級料理）を確立する動きが現れます。

ヴェルサイユ宮殿では、毎日のように晩餐会が催されました。当時のコース料理は、スープ、アントレ（肉、魚貝料理）、ロー（焼き上げた肉料理）、アントルメ（野菜料理）、デザートでした。中世のコースから分類も品数も増えましたが、1皿ごとの料理は少量になりました。たくさんのお皿に少しの料理。現在のフランス料理のイメージに近づいてきました。

中世料理からの脱却

17世紀後半、料理人ラ・ヴァレンヌ（生没年不詳、17世紀）が1651年に著した『フランスの料理人　Le cuisinier françois』があります。この料理書は、中世以来のスパイスの多用が控えめで、肉や魚のブイヨンをベースにした味つけを採用しています。特に現代に続くブーケ・ガルニを使ったハーブや香味野菜、キノコの味つけが目立ちます。

溶かしたラードで小麦を炒めてつくるつなぎやブイヨンで肉を煮込んで色を付けたジュレなどフォンの原型となるソースも登場します。

フードファイター・ルイ14世

「太陽王」と呼ばれたルイ14世（1638〜1715）は、かなりの大食漢でした。レイモン・オリヴェ『フランス食卓史』によると、ルイ14世はある日の夕食で、フルコースを平らげた後に、さらに鶏2羽、鳩9羽、しゃこ1尾、若鶏6羽、仔牛肉4kg、若鶏3羽、雉1羽などを延々と追加注文しています。現代のフードファイターも顔負けの量です。また、すでに食器やテーブルマナーが定着していたにもかかわらず、手づかみで食べる癖がなかなか抜けなかったといわれています。

彼の大食ぶりについて、ルイ14世の弟妃ラ・プランセス・パラティーヌことエリザベート＝シャルロット・ド・バヴィエール（1652〜1722）は次

のように記しています。

> 私は国王がなみなみと注いだスープを四杯飲み、キジを丸一羽、ヤマウズラ、大盛りのサラダ、分厚く切ったハム二枚、ジュ〔肉汁、焼き汁〕とニンニク添えの羊、ペーストリーを一皿、そして果物と固ゆでの卵をすべて平らげてしまったのを見たことがある。
>
> （バーバラ・ウィートン『味覚の歴史』辻美樹訳）

　ラ・プランセス・パラティーヌの驚き具合がありありと感じられるようです。今回は肉喰いのルイ14世にまつわるメニューのなかから、ニンニク添えの羊を紹介しましょう。

　17世紀の料理書、『フランスの料理人　Le cuisinier françois』には、羊料理は次の通り載っています。

> 「仔羊」：脂がのっているものは、焼いてから、パンの身を、よければ塩とパセリを少々混ぜて上から振り掛けて出す。
>
> （ラ・ヴァレンヌ、森本英夫　翻訳・解説『フランスの料理人』）

LE
CVISINIER
FRANÇOIS,
ENSEIGNANT LA MANIERE
de bien apprester & assaisonner
toutes sortes de Viandes grasses
&maigres, Legumes, Patisseries,
& autres mets qui se seruent tant
sur les Tables des Grands que des
particuliers.

Par le Sieur de LA VARENNE
Escuyer de Cuisine de Monsieur le
Marquis d'VXELLES.

A PARIS,
Chez PIERRE DAVID, au Palais,
à l'entrée de la Gallerie des Prisonniers.

M. DC. LI.
Auec Priuilege du Roy.

『フランスの料理人』表紙

　さて、残念ながら「ニンニク添え」の記述が見当たりません。ですが、『フランスの料理人』の他のレシピを確認すると、ニンニクを使った肉料理がありました。

　「ブイヨンを加えて長時間焼いたら、タマネギと潰したニンニクを加えて出す」

　牛の塊肉を使った料理ですが、当時のレシピをアレンジして作るので、こちらをソースとして使います。

　また、『町人貴族』でドラントが語る料理で、「羊の肋骨肉にはパセリが刺してあって」のように、『フランスの料理人』の

レシピには、羊肉にパセリが上手く加えてありました。

　カムリーヌソースに代表される肉のうまみを重視した中世の価値観から脱却し、ルイ14世と『町人貴族』で登場する近代的なフランス料理へと進化した一品をご賞味ください。

17世紀の新ドリンクの流入と展開

　17世紀は、３つのドリンクがヨーロッパに入り、広まっていった時代です。イスタンブルからコーヒーが、中国から紅茶が、新大陸から飲み物としてのチョコレートが入ってきます。コーヒーについてはオスマン帝国の脅威と外交という相反する出来事から広まり始めました。また、アラビアの黒い飲み物だとする認識を、牛乳で白く「中和」することで、ヨーロッパの飲み物に移し替える「書き換え」も起こりました。

　チョコレートはスペインでの国内展開が目覚ましい世紀でした。当初は、アメリカ大陸で飲まれていたような食材で調合し飲んでいましたが、徐々にヨーロッパ化を果たし、異国情緒漂うモノの現地化を進めていきます。18世紀には固形のチョコレートも登場し、新たなる展開が起こっていきます。

　紅茶は大航海時代の貿易のその時々の力関係で広まってきているのが興味深いです。主役となるイギリスは宮廷での広まりが17世紀の主な出来事で、その下地によって18世紀に紅茶文化を開花させます。他国では、コーヒーの安さと香りの魅力に抗えず、紅茶よりもコーヒーを選ぶケースが見られます。

　17世紀の料理は次の３品です。

　１．近世イタリア風鯉のマリネ…17世紀のフィレンツェ。ガリレオ・ガリレイは手紙をメモ代わりに食材をいくつか記しています。最初に出てくる単語は「アルノ川の魚」でした。アルノ川の源流に生息しているのが鯉

です。ガリレオの生まれた頃の料理書に鯉のマリネのレシピがありますので、近世のイタリアレシピで鯉をマリネしてみましょう。（レシピ245ページ参照）

　2．17世紀オランダ風様々な肉のごった煮…スペインの祝宴の料理オリャ・ポドリーダがオランダに入りました。オランダは17世紀、黄金時代を迎え、香辛料貿易などを進めていき、料理にも反映させていきます。オランダは共和国として、ブルジョワの食を展開しました。宮廷料理ではなく、ブルジョワ料理として「肉祭り」を体験した人は多かったと思われます。（レシピ246ページ参照）

　3．羊のロースト　ニンニクソース添え…フードファイター、フランス王ルイ14世が味わった肉料理の1つです。17世紀の代表的な料理書『フランスの料理人』からレシピを再構築しています。カムリーヌソースに代表される中世以来の料理法にかわってフォンなど肉のブイヨンの原型となるソースも登場し、いよいよこれぞグランド・キュイジーヌと呼ばれる料理が宮廷で生まれるようになっていくのでした。（レシピ247ページ参照）

　次の18世紀は、新大陸からの贈り物がヨーロッパの食材や料理と結びつきはじめた時代でもありました。次章では各国の情勢や出来事と併せて説明します。

第8章

洗練される食文化

18世紀

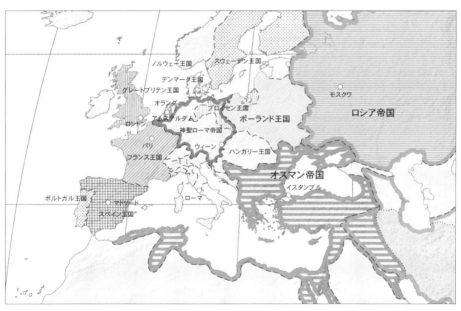

18世紀のヨーロッパ

パンがないなら、
民衆を慮ってお手本を示す

　出産も婚礼もいっぺんにお祝いするはずなのですが、祝典はごくささやかなものになる予定です。お金を節約するためです。でも、一番大切なことは、民びとにたいしてお手本を示すことです。パンの値段が上がってたいそう苦しんでいるからです。でもうれしいことにまた希望が湧いてきました。麦の育ち具合がとても順調だったものですから、収穫のあとはパンの値下がりが見込まれているのです。
（マリー・アントワネット
　　『マリー・アントワネットとマリア・テレジア 秘密の往復書簡』より）

　18世紀を代表する王妃マリー・アントワネット（1755〜1793）が発生したとされるフレーズに「パンがなければ、ブリオッシュを食べればいいじゃない」またはそれをアレンジした「パンがなければ、お菓子を食べればいいじゃない」があり、世界的に非常に有名ですが、実際のところ、マリー・アントワネットはそんなことを言ったのでしょうか。

　実際にわかっていることは、オーストリア大公妃である母親のマリア・テレジア（1717〜1780年）へ1775年に送った上記の手紙くらいです。

　これを読むと、まったく正反対の姿がうかがえます。パンの値段が上がり生活が苦しい民衆を慮って、お金を節約したいと考えていたり、収穫後にパンの値下がりが見込まれて嬉しいと感じている純粋なマリー・アントワネットの姿がみてとれることがわかるでしょう。

　そもそも「パンがなければ…」は、マリー・アントワネットが言ったものではありません。明確な出典はジャン・ジャック・ルソー（1712〜1778

年）の自伝的作品である『告白』6巻（1765年に刊行）で、次のように書かれています。

> こうして私は最後に、領地の農民たちがパンがないと言っている話を聞いて、それに答えたとある大王妃の心ない言葉を思い出しました。彼らにブリオッシュを食べさせればいいという言葉を。

　前後の文脈からこの言葉を補足します。ルソーはある世話になっていた屋敷でおいしいワインをこっそりと盗み飲む習慣を身に着けます。ところが、彼はパンがないとワインが飲めません。しかし、パンを手に入れるには少々あか抜けた格好だったため、そのあたりのパン屋に走るわけにもいかない。そこで、ルソーは上記の言葉を思い出し、ブリオッシュを求めてさまようわけです。何といいますか、このルソーの行動の方にツッコミを入れたくなるほどです。

　話を戻しましょう。『告白』が刊行された1765年は、マリー・アントワネットはまだ10歳になるかならないかのときで、当然ながら結婚もしていなければ、大王妃でもなく、ウィーンの宮廷で健やかに育っていた頃でした。フランス革命によって、民衆の反感を買ってしまったことが大きかったのでしょうか。ルソーの戯言が、マリー・アントワネット本人が言ったかのように受け止められ、火に油を注ぐことになるとは、とても恐ろしい話です。

　母マリア・テレジアへの手紙にあるようなマリー・アントワネットのこの純情な思いが、民衆に三分の一でも、四分の一でも伝わっていればという思いに駆られます。

変容するオリャ・ポドリーダ：ハプスブルクの食卓

　マリア・テレジアの好んだ料理にオリオスープがあります。スペインの全階層が味わっていたあのオリャ・ポドリーダがハプスブルク家に渡り、

マリア・テレジア風にアレンジされました。スペインのオリャ・ポドリーダは食材の違いや量によって貧者の料理にも貴族の料理にもなるという懐の深い料理でした。

　その料理がハプスブルクに伝わったのは、おそらくカール5世（カルロス1世）のハプスブルク分割でしょう。神聖ローマ皇帝の退位にあたり、スペイン・ハプスブルク家を息子のフェリペ2世へ、オーストリア・ハプスブルク家は弟のフェルディナントへ分譲しました。カール5世の治世の頃にオーストリアにもスペイン料理は入っていき、ハプスブルク家でもオリャ・ポドリーダを味わっていきました。そして、マリア・テレジアはそれをオリオスープとして味わいました。オリャ・ポドリーダとオリオスープの大きな違いとして、オリオスープは食材のアクをとって、濾して残った上澄みだけを飲みます。食材は食べないのでした。なんという贅沢なスープでしょうか。見方を変えれば、フランスの出し汁の応用でこのような料理法に変えたのかもしれません。

ブルボン朝の味つけ革命

　18世紀のフランスは、ヨーロッパの料理文化をリードする存在でした。ブルボン朝はパリのサロン文化や啓蒙思想、新しい習俗を海外にアピールする文化政策を進めており、この新習俗のなかに宮廷の食文化も含まれました。腕のいい料理人には活躍の機会と名誉が与えられ、フランスの料理文化は急速に成熟していきます。

　17世紀半ばに、フランス料理は中世の香辛料を多用し酸味の強い味つけから肉・魚のブイヨン（だし）を使う味つけに移行し、18世紀はその方向性を推し進め、調理法を複雑化・体系化し、料理の品数を増やしていきました。

　マリー・アントワネットの時代には香辛料の供給が安定し、以前よりも価格が下がっていました。次第に、香辛料を使う目的が、味の調整へとシ

フトしていきます。やがて、古代ギリシア、ローマでそうだったように、ハーブや香味野菜類も味をととのえる目的で使われるようになり、その結果、それまでになかった複雑で奥行きのある味つけの手法が発明されます。

　具体的にはソースが大きく進化しました。もともとはポタージュなどのスープで使われていましたが、この頃からソース単独で仕込まれるようになりました。この時期のソースには、マヨネーズソース、ホワイトソース、デミグラスソースがあります。ソースのベースになる「フォン」の原型も発明されました。仔牛を煮てつくる「フォン・ド・ヴォー」や魚介から味をとる「フュメ・ド・ポワソン」などがそれにあたります。結果として、繊細な味わいの料理文化が形成され、「グランドキュイジーヌ」と呼ばれるフランスの高級料理の骨格ができあがります。

　こうした「味つけ革命」によって、18世紀にフランス料理の多様化が進みました。たとえば、17紀のフランス料理書に掲載されたメニューの数は約600でしたが、18世紀には2000を超えるようになります。多様化の背景には、大航海時代に冒険者たちの持ち帰った野菜が定着したことも挙げられます。

謎の料理人ムノンの足跡

　18世紀を代表するフランス料理人にムノン（生没年不詳、18世紀）がいます。ムノンの経歴は何一つ知られていませんが、オート・キュイジューヌ（高級料理）とブルジョワ料理（フランス中流階級の上質な料理）の両ジャンルの料理書を発表した人物として知られています。レシピや調理法のみならず、調理場から隣接する給仕の準備をする場所の仕事までを記しています。

　ムノンの代表作である『宮廷のスペ Les Soupers de la cour』（1755年）は全4巻で構成された18世紀の複雑な調理法の頂点を極めた料理書として、料理人と収集家から高い評価を受けてきました。伝統的な料理と18世紀の

革新的な料理とソースや氷菓子まで収録されています。

フランスのジャガイモ政策

　フランス南東部に16世紀末に伝わったジャガイモは、18世紀中頃までに食用野菜として栽培されました。ですが、支配階級の評価は高くなく、家畜の餌になることもしばしばでした。ジャガイモがフランスで食べられるようになったのは18世紀後半からのことです。マリー・アントワネットも普及の動きに絡んできます。

　プロイセンとの戦争で捕虜になり、ジャガイモのおいしさを知った栄養学者のアントワーヌ＝オーギュスタン・パルマンティエ（1737〜1813）はフランスに帰国後、飢饉対策としてジャガイモの有用性を訴えました。食用の承認は得たものの、すぐには普及とはいきませんでした。そこで彼は国王ルイ16世に協力を要請します。

　ルイ16世はパルマンティエの依頼を快諾し、手はじめにヴェルサイユ宮殿の外にある畑にジャガイモを植えさせました。日中は見張りを置き、夜は手薄にしてあえてジャガイモを盗ませ、その味を広めました。野草を好んだマリー・アントワネットもルイ16世の提案にのる形で、ジャガイモの花を髪飾りにしています。1785年の飢饉によって、パンの価格が高騰し、ジャガイモのでんぷん粉がパンの代用品になるというアピールや国王夫婦の広告効果も少なからず手伝って、ようやくフランス全土に普及しました。

　こうした経緯を踏まえると、ルイ16世とマリー・アントワネットが最初にジャガイモ入りの料理を食べた王族なのかもしれません。

バッハのエピソードによるジャガイモとドイツ

　ドイツの食卓には、果たしていつ頃ジャガイモが登場するのでしょうか。実は現代にも名前が知られているあの人物が18世紀前半に味わっていまし

た。その人物こそヨハン・セバスティアン・バッハ（1685～1750）です。

　バッハの書簡など、彼に関わる史料を読んでみると、そのなかにジャガイモが登場します。舞台は1716年のドイツの都市ハレでバッハが31歳のときのお話です。

　1716年4月29日から3日間、ハレの聖母教会に招聘されたバッハは、新造されたオルガンの性能鑑定を行ないます。そして、5月1日にオルガンお披露目の演奏会が行なわれた後、5月3日高級旅籠「金環亭」にて豪華絢爛な晩餐会が催されました。メニューは次の通りです。

> 牛肉の煮込み／カワカマスのサーディンバター添え／燻製ハム／グリーンピース一皿／ジャガイモ一皿／ホウレンソウ、チコリ二皿／羊肉の塊のロースト／アスパラガスの温サラダ／ゆでたカボチャ／レタス／ラディッシュ／仔牛肉のロースト／揚げ菓子／レモンの皮の砂糖漬け／サクランボの砂糖漬け／フレッシュ・バター

　合計16品からなる豪勢なメニューです。当時、庶民は滅多に食べられなかった牛、羊、仔牛肉を使った振る舞い料理でした。バッハとしても一生に一度あるかないかのフルコースだったのではないでしょうか。

　料理をみていくと、ジャガイモがメニューに入っています。ジャガイモは、前世紀の17世紀に栽培が始まったばかりですので、この時期にジャガイモを食べられる人は限られたことでしょう。料理名だけでもこの時の16品の豪華さがわかります。

ジャガイモ地位向上史：ドイツ編

　ドイツでのジャガイモ栽培がはじまったのは17世紀後半からです。ようやく観賞用から食用として考えられるようになります。但し、栽培された地域はファルツ地方（ラインラント＝プファルツ州の南部地方）とフォークトラント地方（ドイツのバイエルン州、ザクセン州、テューリンゲン州、

およびチェコ共和国の北西ボヘミアにまたがる地域）でした。他の地域に
ジャガイモ栽培が広まるのは18世紀に入ってからです。

　ただし、18世紀後半に入ってもドイツのジャガイモ普及はなかなか進み
ませんでした。一説には、ジャガイモが有毒植物であるというイメージが
ついてまわり、農民はジャガイモを木になるものだと勘違いしているなど
認識の誤りがありました。

　こうして状況が劇的に変わったのは飢饉がきっかけでした。第3代プロ
イセン王フリードリヒ2世（1712～1786）は、1763年以降ジャガイモの栽
培普及に力を入れました。その後、1770年～71年に凶作が襲いドイツのみ
ならず中欧の穀倉地帯で穀物生産が壊滅的な打撃を受け、ライ麦の生産量
が激減しました。しかし、これまでジャガイモ栽培の奨励を受けて栽培を
続けていた地域は、飢饉の影響を受けず食糧危機に陥らなかったので、ジ
ャガイモの有効性に気づく人が増え、様々な地域での栽培が始まりました。

✦ ポレンタ・アラ・ファデリカーナ（フリードリヒ大王風ポレンタ）

　ジャガイモ栽培の奨励をし、コーヒーを愛し、そして国民のコーヒー消
費量の増大による貿易収支の悪化からコーヒー禁令を行なったフリードリ
ヒ2世。彼は、フランス文化を知り尽くすなど学問と芸術に明るく、全30
巻にも及ぶ膨大な著作を著したため、尊敬をもって大王と呼ばれています。
大王自身はどのような食事を味わっていたでしょうか。大王付きの料理人
アンドレ・ノエル（1726～1801）に登場してもらいましょう。

　アンドレ・ノエルは1755年にポツダムのサンスーシで宮廷料理人として
雇われました。ノエルの証言では、フリードリヒ大王はうなぎのパスター
テが大好物で生涯執着し続けました。

　そんなフリード大王が考案した料理があることを医者のヨハン・ゲオル
ク・ツィンメルマン（1728～1795）が証言しています。

続いて、半分がトルコ小麦と半分がパルメザンチーズを使ったイタリア料理を
食べました。これにニンニクの絞り汁を加え、バターで焼いて、辛めの香辛料
で作ったスープをすべてのものにかけます。マリシャル卿が最初にサンスーシ
に持ちこんだお気に入りの料理は、大王によってアレンジが加えられ、ポレン
タと呼ばれた。

(Theodor Gottlieb von Hippel『Zimmermann der I., und Friedrich der II.』)

　コーンミールを粥状に煮たイタリア料理のことをポレンタと言いますが、
ブリューゲルの「農民の婚宴」で説明した通り、ポレンタの元々の意味は
穀物の粉に水やスープを加えて火にかけて練り上げたものでした。そのた

フリードリヒ大王時代のポレンタを
描いた絵「ラ・ポレンタ」ピエトロ・
ロンギ画（1740年）

め、フリードリヒ大王はトルコ産小麦を挽き割りした粉とパルメザンチーズからニンニク汁を注いで、バターを加え、最後に香辛料を入れて作り上げています。トルコの挽き割り小麦は「ブルグル」という名前で流通しています。今回はこちらを使いましょう。また、原文にはありませんが、本来のポレンタに使われているコーンミールを、ブルグルとブレンドして作ります。香辛料には、新大陸からの贈り物チリペッパーを加えましょう。

8

洗練される食文化

ロシアの西欧化―ピョートル1世の食卓

　18世紀前半、ロシア・ツァーリ国はロシア帝国に生まれ変わります。その変身を成しとげたのが、時の皇帝ピョートル1世（1672～1725）でした。当時のロシアは、他のヨーロッパ諸国に比べ近代化が立ち遅れていました。24歳でロシア・ツァーリの単独統治者となったピョートルは西欧の進んだ

文明を吸収するべく約250人におよぶ外交大使節団をともない西欧各国を視察して回りました。元々、西側の文化に強い関心を持っていたピョートルは、この大使節団に偽名で参加します。4か月滞在したオランダでは驚くべきことにピョートル自身が造船工として働き、西欧の進んだ技術を積極的に吸収していきました。そして、多くの文物や制度、それに精通した技術者などをロシアに連れて帰りました。そののちにスウェーデンとの北方戦争で勝利を収め、帝国がなくなった今でも「大帝」と呼ばれています。

　西欧の現状を視察したのち、近代化を果たすべく税制、産業、軍事、教会と国内における様々な改革を行ないました。そこには社会制度に関わるものだけでなく、服装やマナーなど日常生活に関わるものも含まれていました。例えば、貴族が着用していたロシア風ローブを廃止し、服装を西欧風に改めさせます。また、ロシアの成人男性があごひげを伸ばす伝統的な習慣を否定し、ひげを生やしている者に「ひげ税」を課すなど、急速な西欧化を進めました。まるで明治維新の日本の姿——文明開化の名のもとにちょんまげからざんぎり頭に替えていった状況——をみているようです。人々に信仰された宗教はロシア正教にとどまったものの、近代化イコール西欧化と考えているといっていいくらい、西欧の習慣と方法を貪欲に組み込んでいくピョートル1世の奮闘する姿がそこには見て取れます。

　そして、ロシアの食もピョートル1世の力で導入された西欧化の流れによって、急速に変化していきます。時流に乗る貴族たちは外国人の料理人を西ヨーロッパから我先にと呼び寄せるようになりました。当時はロシア女性や農奴の料理人がロシア固有の料理を作っていたのですが、この時代の社会変化のさなか、フランス出身のシェフがロシア貴族社会に入り込むようになります。大貴族の食卓にはお抱えシェフが作る

ピョートル大帝がロシアの貴族の髭を切る画期的な絵

フランス料理が並ぶようになっていくのでした。

　一方、農奴のままだった農民の生活はここまでは西欧化せず、スウェーデンから奪ったバルト海の一番奥にある沼地にピョートル1世が一から作った首都のサンクトペテルブルクと、広大な森林や草原が広がるロシアの農村では食べるものが大幅に違う、新しい国家が育っていきました。

ジャガイモ地位向上史：ロシア編

　ピョートル1世時代の食の近代化のエピソードで欠かせないのが、ジャガイモの導入です。西欧への大使節団の一員として視察を行った時、ジャガイモに出会いました。大帝はこの野菜にいたく感動し、オランダからロシアに一袋のジャガイモを送り、ジャガイモの栽培を奨励したそうです。なお、ロシア語でのジャガイモの名前もドイツ語が由来の「カルトーフェリ（картофель）」なので、これは完全に外来の作物なのが分かります。

　ただし、実際にロシアにジャガイモが根付き、国民食となるまでにはもう少しの時間を要します。ロシア正教会は「西側にかぶれた」ピョートル1世への反感を込めて「悪魔のリンゴ」とジャガイモをさげすみました。その影響で古くからの伝統に従って生きる農民たちは、新大陸から入ってきたこの植物を栽培するのに抵抗感を持ったと言われています。当時はかぶが伝統的な主要作物でした。ロシア民話で有名なのも「おおきなかぶ」ですね。うんこらしょ、どっこいしょ、と農民や動物がみんなで力を合わせて引き抜くのは新参のジャガイモではなく、古くから愛されてきたかぶだからこそ成り立つお話なのです。

　首都の上流社会から1世紀遅れ、19世紀半ばにロシア帝国全土でようやくジャガイモが定着すると、その味と料理への汎用性に優れた点が認められ、ジャガイモはロシア国民から非常に愛されたのでした。寒冷地でも作れ、手軽にカロリーもとれるジャガイモはその後の飢饉でも頼られ、今やロシア料理に欠かせない国民食へと変貌しました。

8

洗練される食文化

ピョートル1世のシチー

　ピョートル1世のお気に入り料理をご紹介します。壮麗な宮殿で過ごすピョートル1世の食事情は、意外なことに質素かつ健康的な「質実剛健」の軍隊式でした。

　ピョートル1世の戦友の一人で、発明家のアンドレイ・ナルトフ（1683―1756年）は大帝の食事についてこんな記録を残しています。

> 　ピョートル大帝は、豪華絢爛なものを好まず、大勢の召使に囲まれることも好まなかった。彼の食事は、酸味のあるシチー（キャベツスープ）、ストゥジェニ、お粥、きゅうりやレモンの酢漬けを添えた焼き肉、塩漬け肉、ハムなどであった。特にリンブルガー・チーズが好物で、これらの料理をフェルテン料理長が担当した。お酒ではアニゼット酒が好まれた。普段の飲み物はクヴァスだった。夕食時にはエルミタージュ・ワイン（北ローヌ産の赤ワイン）、時にはハンガリー・ワイン（トカイ産の甘口）を飲んだ。彼は魚を食べなかった。
>
> (Susan Jaques, "The Empress of Art")

　ロシア料理ときいて、なくてはならない料理を日本人が考えたとき、知名度の高さからピロシキ、ボルシチ、ビーフストロガノフなどが思い浮かぶのではないでしょうか。実はロシア料理の食卓のシンボルでこれなくしてはロシア料理が成り立たないという一品がピョートル1世の食卓にも現れています。それがシチーで、ロシア風キャベツのスープです。

　1000年以上も前から親しまれてきたことは、ロシアの古い言葉「シチーとカーシャは我々の食べ物だ（Shchi da kasha - pishcha nasha）」に現れています。それほど、このシチーは重要なスープでした。シチーはロシア農民の食卓で主役の地位にあり、それ一品だけの食事もあったほどでした。

　ピョートル1世も、特に酸味の効いたシチーを好んでいたようです。シチーはキャベツのスープのことですが、キャベツを酢漬けしたものがスープにマッチします。ただし、上流階級では新鮮な野菜を使ったシチーが多く、下層階級ではザワークラウトなどの保存食や、時にはソラマメのマリ

ネを使ったシチーが主流でした。

　また、残念ながらピョートル大帝の時代にはロシアの料理書がなく、再現料理を作るには、作家のヴァシリィ・レフシン（1746 – 1826）の著作で1816年に刊行されたロシアで最も古い料理本と言われる『ルースカヤ・ポヴァルニャ（ロシアの台所）』まで時代を下らなければなりません。

　なお、前にも書いたように、ピョートル1世はジャガイモをロシアに導入した本人ですが、その定着は150年後のことでした。ですから、当時のシチーにはジャガイモが入っていないのが常ですが、大帝の思いを尊重し、食材に加えるのも一興です。なお、トマトは現代のシチーでは食材に入っていますが、まだこの時代のロシアで栽培されていないので、大帝のシチーには入っていません。トマトが定着するのはもう一人の「大帝」、エカチェリーナ2世が統治した19世紀後半からです。なので、シチーに浮かんでいる具材から18世紀にロシアで食べられていた食材を思い浮かべることが出来るのです。

　改めて整理しましょう。ここまでの情報からまとめてみると、キャベツは新鮮な野菜を使用し、ジャガイモは加え、トマトは加えません。ピョートル大帝の好みから酸味を効かせます。また、ピョートル大帝の時代から1世紀時代が下った19世紀の料理書には、シチーのレシピが登場します。一般的な食材を使うものと、ある特定の食材を使うものと2つに大別されていました。例えば、このようなレシピがありました。

牛肉（2.5ポンド）からブイヨンを作り、必要に応じてハム（1ポンド）、ドライマッシュルーム、ディルを加え、濾す。スイバ（1ポンド）は洗って水気を絞り、細かく刻む。スイバを汁ごと鍋に移し、沸騰させる。バター（大さじ1）、小麦粉（大さじ2）、サワークリーム（1カップ）を加える。濾したブイヨンで希釈し、再び沸騰させる。マッシュルームを千切りにしてスープに加える。小麦粉の代わりに、茹でて細かく挽いた大麦を使ってもよい。

(Tom Jaine編、『Oxford symposium on food & cookery, 1984 & 1985 : Cookery : Science, lore & books : proceedings』)

こちらを参考にしながら、ピョートル大帝好みのシチーを作っていきましょう。（レシピページは249ページ参照）

「旅行者」レオポルト・モーツァルトが見たロンドン食事情

音楽史にその名を刻んだ音楽家の一人、ヴォルフガング・アマデウス・モーツァルト（1756〜1791）。モーツァルトは神童として知られ、最初の作品《ピアノのためのアンダンテ（ハ長調）K.1a》は1761年、父レオポルト・モーツァルト（1719〜1787）のメモによると、「5歳の最初の3か月に作曲され」ました。

レオポルト・モーツァルトが息子ヴォルフガングとロンドンへ演奏旅行に赴いたのが1764年4月23日でした。それから翌1765年7月24日までの1年3ヵ月、ロンドンで過ごすのですが、レオポルトはザルツブルクの友人たちへの手紙に子細にロンドンの食事情を記しています。ところで、1750年頃のウィーンの人口は約17万人、パリの人口は約56万人、そしてロンドンの人口は約68万人だったので、ウィーンのおよそ4倍もの大都会ロンドンに赴いたことになるのです。

レオポルトは ロンドンの食事情を子細に伝えてくれました。1764年5月28日の手紙では、「牛肉、犢肉、小羊肉」の上等さやビールの豊富さとその一方でワインの高価で消費税のかかる点、碾いたコーヒーに消費税のかかる点、紅茶サービス用の紅茶釜の用意など大陸とイギリスの違いを驚きと共に伝えています。

また、このロンドン演奏旅行で息子ヴォルフガングは6月5日に3時間の演奏会を行ない、100ギニーという大金を得ました。驚きの手紙をレオポルトがつづったのは言うまでもありません。

また、ロンドンで実際に食した料理もつづっています。6月28日と9月13日の手紙の料理名だけを抜粋します。

「フィレンツェワイン、スープ、漬けた仔牛の肉、若鶏、砂糖、紅茶、牛乳、パン」

「紅茶（ミルクかクリームいり）、バター・パン、ポーター、ストロング・ビーア。エール酒、ベルモット・ビール、去勢雄羊の腿肉、ローステッド・ビーフ、煮たじゃがいも、豆、バター（じゃがいもや豆につけて食べる）、プラム・プディング、タマネギ、コーヒー、チョコレート、果実リキュール、アイスクリーム、りんご酒、果物の汁、白葡萄酒、ポンチ、水、ラム酒」

砂糖入り紅茶と産業革命

　こうして産業革命を迎えようとしていたロンドンの街並みをありありと「リアル」な空気を描写してくれたレオポルトに賛辞の言葉を贈りたいです。産業革命時の大英帝国の民衆の食生活は変化していきました。かつて、オートミールと牛乳、チーズ、パンなどを主体としていた食事から紅茶、砂糖、バター、パンの生活に転換していきました。

　レオポルト・モーツァルトがロンドンで味わった紅茶は、とてつもなく濃くて牛乳かクリームを注いだミルクティにて飲んでいました。砂糖も単独で出され、バターとパンはセットでしたので、砂糖と紅茶がセットになっていれば、産業革命真っただ中のイギリス民衆の食生活が味わえていたはずです。紅茶と砂糖を一緒にして飲むことは産業革命のオートメーションに即した合理的な食事を摂ることを意味します。

お酒はいくつになってから？

　レオポルト・モーツァルトのロンドンからの手紙の証言が本当ならば、8歳のヴォルフガングは、フィレンツェワインを水に入れて飲んでいます。

　実は15世紀ごろの中世後期のヨーロッパの世界では、おおよそ5歳ぐら

8

洗練される食文化

いからパンと一緒にアルコール度1～2％程度のドリンクを飲んでいた地域がけっこうありました。その名残でしょうか。モーツァルト父子が遠征した1760年代のロンドンでも、15世紀のヨーロッパの状況と同様に、かなり低い年齢からアルコールをたしなむ文化があったようです。

　ほかにも、例えばドイツやオーストリアなど、18世紀当時の神聖ローマ帝国下では、ビールが基礎栄養食品の一つに挙げられていました。フリードリヒ2世に代表される歴代のプロイセン王たちも離乳食がわりにビアズッペ（ビールスープのこと）を味わっていたと言われています。

　当時のヨーロッパ全般に言えることですが、レオポルトの証言通り「生水はためにならない」つまり、品質のいい水がなかなか得られない状況にあったため、アルコール飲料がその代替手段として飲まれることが多かったのです。

イギリスにおけるジャガイモの定着

　レオポルト・モーツァルトがロンドンの生活ぶりを子細に記してくれたおかげで、どんな料理を味わっているかがわかります。そのなかで1764年の「煮たじゃがいも」を溶かした熱いバターで食べている描写は印象的です。

　ドイツやロシアとは違い、イギリスでのジャガイモ栽培は他より早く1699年にはイギリス全域で栽培されました。そして、18世紀には国内全土で、ジャガイモは商業用農作物となり、人々からますます信頼される作物となりました。

> ジャガイモとトウモロコシ―インディアン・コーンと呼ばれるもの―は、ヨー
> ロッパの農業、もしかするとヨーロッパ自体が、通商と航海の大規模な拡張に
> よって得た最も重要な2つの改良点である。
>
> （アダム・スミス『国富論』）

　コロンブスに端を発した大航海時代の幕開けから『国富論』の出版され
た1776年までのおよそ280年のヨーロッパの動きは、このアダム・スミス
の言葉に集約されるのかもしれません。

18世紀の定点観測・トマト

　トマトは特にイベリア半島とイタリア半島で普及していきました。スペ
インでは、18世紀半ばにトマトソースが載っている料理書やガスパチョや
タラの塩漬けなどの伝統料理の食材が加わった料理書が発行されています。
また、酸味のある調味料として中世以来のヴェルジュに代わってトマトが
加わりました。料理の幅を広げるためにトマトを使ったとスペイン人はい
いますが、実態はトマトの魅力に抗えなくなったのかもしれません。

　イタリア半島では、トマトはトウガラシと別れ単独で使われるようにな
りました。ブイヨンやスープにトマトを加えると酸味が味わえると評価さ
れ、広く使われるようになりました。

　フランスでは、18世紀終盤まで地中海沿岸のプロヴァンス地方とラング
ドック地方でしか食されておらず、フランス北部の人はその存在を知りま
せんでした。宮廷の人々は宮廷のネットワークでトマトを味わうことがで
きましたが、庶民はパリにトマトがもたらされるフランス革命の年まで待
つことになりました。

　イギリスは16世紀末に植物学者ジョン・ジェラードがトマトの種子をス
ペインから取り寄せて調べますが、『本草書または植物の一般史』で全く
評価していませんでした。2世紀もの間トマトはイギリス人にとって、観

葉植物か薬草の類とみられ、一部の熱狂的なトマトファンを除いた大部分の人からその存在を認知されていなかったのですが、19世紀にまた状況が変わっていきます。

農村の不作と貴族の陰謀

冒頭のように「パンの値段が上がり生活が苦しい民衆を慮って、お金を節約したいと考えていたり、収穫後にパンの価格の値下がりが見込まれて嬉しい」と書いているマリー・アントワネットが母マリア・テレジアに打ち明けた本心は、民衆に届くことはありませんでした。1787年以来の不作にあえぐフランスの農村では、盗賊団が襲ってくるという噂や、ならず者を農村に仕向けてくるという「貴族の陰謀」がまん延し、やられる前にやろうと領主の館を焼き討ちします。

そして、バスティーユ牢獄襲撃事件後の1789年10月5日、前年の凶作や政情不安のために穀物の売り渋りが横行し、パンをはじめとする食料品の価格高騰による劣悪な食糧事情に悩まされた女性を中心として、パリ市民たちは、ヴェルサイユ宮殿まで行進し、フランス国王ルイ16世をパリに連行し、国王に小麦の放出を約束させました。

その後、国王一家はウィーンへの逃亡を図るも未遂に終わり（ヴァレンヌ事件）、民衆は王家に対する不信を決定的なものにします。こうして国王と王妃は1793年の悲劇を迎えることとなったのです。

宮廷料理の洗練及び新大陸食材との融合

18世紀は新大陸からの食材がヨーロッパの料理と結びつき、変化していった時代です。本章では、ジャガイモとトマトに焦点を当てて、地域別に見ていきました。ジャガイモの普及については、イギリスではすんなりと国民に受け入れられて、1760年代のロンドンで演奏旅行一行のレオポル

ト・モーツァルトが子細に観察しているところが興味深いです。一方、ド
イツ、フランス、ロシアのジャガイモ普及の状況は、飢饉という作物の不
作の結果からジャガイモの価値が見直されている点が挙げられます。1710
年代にドイツのハレでバッハが食べたご馳走料理のジャガイモはそういっ
た意味で、めったに食べられない一生に一度の料理だったといえるでしょ
う。

　トマトについては、スペインとイタリアとフランスの地中海沿岸が食の
中心でした。トマトソースに使われて様々な料理のソースにして混ぜ合わ
せて食されました。中世から使われていたヴェルジュから置き換えられて
いるのも特徴です。18世紀は中世も遠くなりにけりの感があります。中世
からの伝統の酸味のあるソースがトマトに置き換えられるというある種の
「事件」がこの世紀では見られました。

　食の革新という点では、フランス料理の進化が挙げられます。中世の香
辛料を多用し酸味の強い味つけから肉・魚のだしを使う味付けに移行し、
18世紀はその方向性を推し進め、調理法を複雑化・体系化しました。こう
した「味付け革命」の結果、18世紀にフランス料理の多様化が進み、18世
紀のメニューの数は2000を超えるようになります。多様化の背景には、大
航海時代に冒険者たちの持ち帰った野菜が定着したことも挙げられます。

　18世紀の料理は次の通りです。

　1．フリードリヒ大王直伝ポレンタ…フリードリヒ大王が考案したポレ
ンタです。ポレンタの元々の意味が、穀物の粉に水やスープを加えて火に
かけて練り上げたものです。トルコ小麦と指定があるので、元々の意味で
ポレンタを作ったのでしょうが、既にこの時代にはポレンタがコーンミー
ルの粥という意味をもっています。トルコの挽き割り小麦ブルグルとコー
ンミールをブレンドし、コロンブスの料理で登場した新大陸の香辛料であ
るチリペッパーを加えて大王好みの料理を作り上げてみましょう。（レシ
ピ248ページ参照）

２．ピョートル１世ロシア風キャベツのスープ…シチーは1000年以上も前から親しまれてきたロシア伝統の重要なスープです。「質実剛健」の軍隊式が特徴のピョートル１世の料理にはロシアのジャガイモの伝道者という点を考慮して、ジャガイモ入りで作ります。現代のシチーに入っているトマトはまだ普及していないので入れません。そうすることで、歴史を味わえる料理となるでしょう。（レシピ249ページ参照）

マリー・アントワネットの本心は民衆に伝わらず、フランス革命が起こります。次章では、ナポレオンの活躍と戦争並びに政治的な計略による食糧危機に苦しむ人々をみていきましょう。

第9章

植民地政策と保存食

19世紀

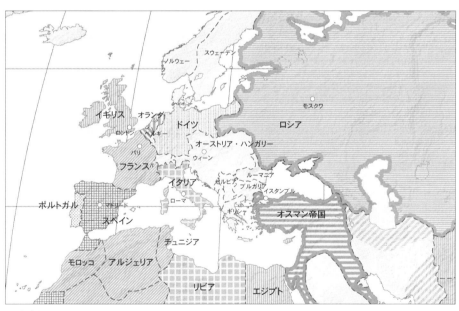

19世紀のヨーロッパ

若き将軍の到来

ナポレオンの大陸封鎖によって生じた砂糖とコーヒーの欠乏は
ドイツ人を対ナポレオン蜂起に駆り立て、このようにして
1813年の輝かしい解放戦争の現実的土台となったことで、砂
糖とコーヒーは19世紀においてその世界史的意義を示したの
である。

（カール・マルクス及びフリードリヒ・エンゲルス

『ドイツ・イデオロギー』より）

　フランス革命後のフランスに若き将軍が到来しました。ナポレオン・ボ
ナパルト（1769〜1821）です。

　ナポレオンが名をあげたのは、1795年10月、パリで王党派の反乱（ヴァ
ンデミエールの反乱）が起きたときです。国民公会軍司令官となったポー
ル・バラスがナポレオンを副官として抜擢すると、ナポレオンはその期待
に応え、反乱の鎮圧に成功しました。この結果、ナポレオンは師団陸将
（中将相当）に昇進し、国内軍副司令官、ついで国内軍司令官の役職を手
に入れました。

　その後のナポレオンの活躍は、以下の通りです。

1796年　イタリア方面軍司令官に就任。
1797年　オーストリアとカンポ・フォルミオ条約を結ぶ（第一次対仏大同盟が崩壊）。
1798年　ナポレオン軍がエジプトに上陸、ピラミッドの戦いで勝利しカイロに入城。
　　　　イギリス主導で第二次対仏大同盟を結成。フランス本国が危機に陥る。
1799年　オーストリアがイタリアを奪還。側近と共にフランスへ戻る（第二次対仏同
　　　　盟戦争）。
　　　　ブリュメールのクーデターを起こし、統領政府を樹立。第一統領となる。

1800年　マレンゴの戦いでオーストリア軍に勝利。

1801年　オーストリアとの和約（リュネヴィルの和約）で第二次対仏大同盟が崩壊。
　　　　宗教協和（コンコルダート）によりカトリック教会と和解。

1802年　アミアンの和約（イギリスとフランスとの間で講和条約締結）。レジオンド
　　　　ヌール勲章を創設。憲法改定により、自らを終身統領（終身執政）と規定。

1803年　カリブ海の植民地のサン＝ドマングでフランス軍大敗する。

1804年　フランス領サン＝ドマングがハイチ共和国として独立（ハイチ革命）。
　　　　「フランス人民の皇帝」として戴冠（フランス第一帝政開始）。

1805年　第三次対仏大同盟戦争。トラファルガーの海戦でイギリス海軍に完敗。
　　　　ウルムの戦いでオーストリア軍を破り、ウィーンを占領。
　　　　アウステルリッツの戦い（三帝会戦）でロシア・オーストリア連合軍を破る。
　　　　オーストリアとプレスブルク条約締結。第三次対仏大同盟が崩壊。

1806年　プロイセン、ロシア、ザクセン王国、スウェーデン、イギリスによる第四次
　　　　対仏大同盟の結成。
　　　　イエナの戦い・アウエルシュタットの戦いでプロイセン軍に大勝。
　　　　ベルリンを占領。神聖ローマ帝国内の全ドイツ諸侯はフランス帝国と同盟し、
　　　　ライン同盟が成立。
　　　　フランツ二世がドイツ皇帝（神聖ローマ皇帝）退位と帝国の解散を宣言。
　　　　ベルリン勅令（大陸封鎖令）。ロシア・プロイセンを含めた欧州大陸諸国と
　　　　イギリスとの貿易の禁止。

1807年　アイラウの戦い。プロイセン・ロシア連合軍と痛み分け。
　　　　ハイルスベルクの戦い、フリートラントの戦い。ロシアを撃破。
　　　　ティルジット条約にてプロイセンの領土を獲得。
　　　　ワルシャワ大公国建設。ロシアとの協調関係を築く。

1808年　イベリア半島戦争勃発。ナポレオンこれに介入。兄のジョゼフをスペイン王
　　　　に就ける。
　　　　スペイン軍・ゲリラ連合軍の前にデュポン将軍率いるフランス軍が降伏（陸
　　　　上での初の敗北）。

1809年　オーストリアがイギリスと第五次対仏大同盟を結成。アスペルン・エスリン
　　　　クの戦いで、ナポレオンが直接指揮を執るも、オーストリアに敗北。続くヴ
　　　　ァグラムの戦いでオーストリアに勝利し、シェーンブルンの和約を結ぶ。
　　　　皇后ジョゼフィーヌと離婚。

1810年　オーストリア皇女マリー・ルイーズと再婚。

1796年から1810年までの主な出来事を箇条書きにしました。1810年以降

も、ナポレオンはヨーロッパで文字通り暴れ回ります。しかしその後、ロシアに侵攻するも、ロシアの冬を前に大敗します。そしてオーストリア・プロイセン軍、スウェーデン軍、イギリス軍による第六次対仏大同盟のフランス国境への大包囲網が完成すると、ナポレオンは大苦戦。あえなく、パリは陥落してしまいました。

　ここまでみてきた通り、ナポレオンの登場によって、ヨーロッパの情勢は大きく変わりました。特にオーストリアは対ナポレオン戦争による疲弊はすさまじく、日に日に食糧事情が貧弱となっていきました。

フランス革命が生んだレストラン

　19世紀のフランスではナポレオンによって劇的に体制が変わっていき、その一方で、食については1789年のフランス革命の結果によって大きな変化が起こりました。革命後、王族や貴族が国外に亡命したことによって、多くの宮廷料理人は職を失い、主君の後を追うか、パリでレストランを開くかの選択を迫られました。そして、彼らの多くはパリでレストランを開きます。元宮廷料理人たちの決断によって、食文化発展の舞台は、宮廷からレストランへと移っていきました。革命以前は貴族の館に仕え、革命後にレストランやナポレオン時代の祝宴に登場する料理人にはラギピエール（18世紀後半～1812）やロベール（18～19世紀）などが挙げられます。

　また、パリにできた最初の本格的なレストランはアントワーヌ・ボーヴィリエ（1754～1817）が革命前の1782年に開店した「ラ・グランド・タヴェルヌ・ド・ロンドル」でした。先行者利益を獲得したボーヴィリエはレストランの父と呼ばれ、レストラン経営者の第一人者として名声を集めました。

　こうして貴族が独占していたガストロノミーと呼ばれる美食文化が、パリのブルジョワジー（中産階級の市民）に解放されました。ブルジョワにとって憧れだった貴族の食事に手が届くようになり、彼らの食生活は洗練

されていきます。人びとは心ときめく料理や新たな食文化を求めて、レストランへ日々通いました。革命以前は50軒だったレストランが、1827年頃には3000軒を超えたというデータもあるほどです。

ブルジョワジーの美食の愉しみ

当時、市民のほとんどは自宅にキッチンがなく、自炊の習慣がありませんでした。きちんとした食事をとるには、裕福な家に招待されるという例外を除き、宿屋から料理をデリバリーするしかなかったのです。大ヒットしたミュージカル映画『レ・ミゼラブル』の『宿屋主人の歌』には、こんな歌詞があります。

比類なき食べ物　信じられない食べ物
ミンチでかき混ぜ　牛肉完成
馬の腎臓と猫の肝臓
二つを混ぜたらソーセージ
（映画『レ・ミゼラブル』（2012年）の『宿屋主人の歌』から）

なんとも恐ろしいソーセージですが、当時の宿屋の料理は本当においしくなかったそうです。宮廷でキャリアを積んだ料理人が経営するレストランが増え、人びとは宿屋の粗悪なサービスに頼る必要がなくなりました。専門の料理人が作る食事にありつけるようになったことは、パリ市民にとって歓喜の極みだったはずです。

また、フランス革命後に料理ギルドが解体されたことも、レストランの自由化につながりました。革命前は、ギルドの規制によって焼肉屋は焼肉だけ、ハム・ソーセージ屋はハム・ソーセージだけしか取り扱えなかったのですが、自由化により、需要に合わせて多種多様な料理を提供できるようになったのです。

種別レストラン

　当時は、大まかに３種類のレストランがありました。まず、「晩餐レストラン」。高い技量の料理人たちが腕によりをかけて作った夕食を楽しむレストランで、現在の高級レストランにあたります。ルーヴル宮殿の北隣、サントノーレ通りに位置するパレ＝ロワイヤルの一帯に、こうしたレストランが集まっていました。1760年に創業し、現在では世界最高峰のフレンチレストランとして名高い「ル・グラン・ヴェフール」もここにあります。ナポレオンと妻ジョゼフィーヌ、小説家アレクサンドル・デュマなどの有名人も含め、貴族からブルジョワジーまでさまざまな人びとがここで食事をし、美食文化が育まれました。

　次に、「ブルジョワジーレストラン」です。リーズナブルなレストランですが、地方や外国からの旅行者もここによく訪れていました。「晩餐レストラン」よりも数が多く、庶民のお財布にもやさしい食事どころだったようです。

　最後に廉価版レストランこと「ブイヨン」。安食堂を意味します。労働者向けの大衆食堂で、１杯のスープと１皿の肉料理が出されていました。

　このように、19世紀ではレストラン文化が産声をあげ、レストランの形態、市民の食生活、提供する料理が急速に多様化しました。

ナポレオン被害者の会音楽家編

　話をナポレオンに戻しましょう。1800年代のウィーンには、著名な音楽家が数多くいました。そんな音楽家の「受難」——言ってみればナポレオンの被害者になるわけですが——を紹介します。まず、「交響曲の父」にして「弦楽四重奏曲の父」として知られる音楽家フランツ・ヨーゼフ・ハイドン（1732～1809）です。オラトリオ『天地創造』などの作品が有名です。

1809年ハイドンは77歳を迎え、人生の最晩年に差し掛かりました。この年の5月、ナポレオン軍がオーストリアに侵入してきました。5月9日ウィーンのヒュッテルドルフ地区を占領し、翌10日ウィーンの外郭に迫ると、11日にはフランス軍砲兵隊による砲撃が始まり、12日にウィーン占領。5月13日にウィーン降伏となりました。

　5月10日ナポレオン軍はウィーンの外郭マリアヒルファーを攻撃しましたが、ハイドンの自宅はそこからほど近い場所（現ウィーン6区、ハイドンガッセ19）にありました。4度の砲撃により、ハイドンの家の壁や扉が激しく揺れました。ハイドンの気力は保ったものの血管や内臓に差し障りがあったようで、結果、ハイドンは身体の衰弱が進み、5月31日午前1時帰らぬ人となってしまいました。

　続いて、ナポレオンの影響により、食事情が貧しくならざるをえなくなった音楽家のエピソードを紹介します。誰あろうルートヴィヒ・ヴァン・ベートーヴェン（1770〜1827）です。ベートーヴェンとナポレオンの因縁は深く、当初ベートーヴェンはナポレオンをドイツ国民の解放者と感じ支持しますが、やがてナポレオンが征服者としての様相を呈してくると彼に失望します。1802年、オーストリアとフランスが和平を結んだ際に、『ボナパルトに捧げる』と題した交響曲第3番 変ホ長調 作品55を作曲しましたが、ナポレオンが皇帝になったという報を聞いて、このタイトルをぐしゃぐしゃっと、紙に穴があいてしまうほどペンでかき消して、『英雄 Sinfonia Eroica』と書き直したのです。結局、本作品のタイトルは『シンフォニア・エロイカ（英雄）、ある偉大な人物の思い出を祝うために』と書き直され、ロプコヴィッツ侯（1772〜1816）に献呈されたのです。

　ウィーンの食事情に話を戻しましょう。1806年11月21日に発令されたベルリン勅令（大陸封鎖令）。この勅令はナポレオンが、敵国であるイギリス経済に打撃を与えるために、フランスとフランスの同盟国のヨーロッパ大陸諸国とイギリス（およびその植民地）との間の交通や通商を全面的に禁止するもので、イギリスに対しヨーロッパ大陸の市場を閉鎖しようとし

た政策です。これに対抗するべく、イギリス海軍は、フランスの海上貿易を妨害するために海上を封鎖しました。こうした影響により、大陸諸国とイギリス間の通商は全面禁止となったのです。

　大陸封鎖令はウィーンの食事情に大きな影響を与えました。フランス軍による二度にわたるウィーン占領（1805年、1809年）もあり、ウィーンの食生活はどんどん貧しくなっていきました。食糧の供給が悪化し、レストランで食べられる料理も限定され、料理の質自体が落ちるなど、食をとりまく状況はとても厳しくなりました。

　この頃のベートーヴェンは、家政婦を雇って食事の世話を受けていましたが、たいていの料理がベートーヴェンにとって「可すれすれ」もしくは「せいぜいのところ並、いや私にはほぼ不適当」という厳しいものでした。こうした状況から、とうとうマエストロ・ベートーヴェンがみずから炊事を行なうという歴史的な事件が起きました。しかも、友人たちを自宅に招待してのディナーショーの開催です。

　そんなシェフ・ベートーヴェンの作った料理を、友人で作曲家および音楽ライターのイグナーツ・フォン・ザイフリート（1776〜1841）が記録に残しています。まず、会場に着いた面々は、寝間着に身を包み、もじゃもじゃ頭に立派なナイトキャップをつけ、腰には青いエプロンをつけて、かまどで四六時中忙しく動き回るベートーヴェンの姿を発見します。それから1時間半以上待たされて料理が提供されました。その料理とは——スープは物乞い連中が食堂で施しとして食べる残り物を想起させるひどいもの、牛肉は半分ほどしか火が通っていない生焼き状態、野菜は油と水が合わさったもののなかを漂っていて、牛肉とは別のローストした肉は煙突の中で燻製にしたのではあるまいかという状態の出来栄えでした。

　参加したザイフリートたちに同情するほかないのですが、当のベートーヴェン本人は全ての料理を大いに味わい、その会合を心の底から楽しんでいたそうです。とはいえ、その後、幸運なことにビストロベートーヴェンによる料理イベントの開催はなくなりました。ベートーヴェンは永久に包

丁を封印したのでした。

　ナポレオンの大陸封鎖令の影響を受けた作曲家はほかにもいました。ウィーンの宮廷楽長（カペルマイスター）アントニオ・サリエーリ（1750～1825）です。1810年、そのころ、サリエーリはアウガルテン（ウィーン中心部レオポルトシュタット地区の公園）の美しい庭園近くのレストランでミルクコーヒーを注文しましたが、給仕から不思議そうかつ悲しみの表情が返ってきました。残念ながら、サリエーリの朝のささやかな楽しみはすでに奪われていました。

　1810年、ナポレオンの影響下にあったヨーロッパは砂糖やコーヒー豆が極端に不足することとなり、公の場でコーヒー飲料の提供ができなくなったのです。オーストリア帝国では、この年8月1日より、コーヒーハウスでのコーヒー提供を禁じることとなりました。

　また、1810年当時、世界のコーヒー供給量の80パーセントをカリブ海地域産が占めていました。それ以外の地域ではジャワ島でコーヒーが生産されていましたが、この海上封鎖によって、コーヒー豆の輸入が絶たれてしまいました。

　ドイツ圏では、密輸品のコーヒーが市場に出回り、チコリの根を利用した代用コーヒーの開発が行なわれましたが、焼け石に水です。

　この状況により、イタリアでは苦肉の策として、コーヒーの量を通常の三分の二程度に減らし、通常のコーヒーカップから半分程度の大きさのデミタスカップで提供しはじめ、それがエスプレッソになったといわれています。

ナポレオン打倒。食べ物の恨み

　冒頭の引用文のカール・マルクス及びフリードリヒ・エンゲルスの言葉が示す通り、1813年オーストリア、プロイセン、ロシア、スウェーデンの連合軍がライプツィヒの戦いでナポレオンを打倒しました。この年、ようやくオーストリアのコーヒーハウスでコーヒー提供が解禁されます。食べ

物の恨みだけではないでしょうが、大陸封鎖令による食料の供給制限や代用ドリンクだけでは、生きていけなかったのでしょう。「本物」を味わいたい！というカール・マルクスのこの言葉は当時のヨーロッパの人々の思いを代弁しているようです。

天才料理人アントナン・カレームの登場

　フランスが誇る19世紀を代表する天才料理人が現れます。その名もアントナン・カレーム（1784〜1833）です。フランス料理を洗練させた「スター料理人」と言っていいでしょう。レストランではなく、宮廷や高官に仕えました。美食家の外交官タレーランのもとでも修業し、ウィーン会議でその腕を発揮し、ヨーロッパの上流階級の食文化に大きな影響を与えたとされています。ラギピエール、ロベールなどの名料理人と一緒に仕事をしたあとイギリスの摂政皇太子（後のジョージ４世）（1762〜1830）の料理長、サンクトペテルブルクでロシア皇帝アレクサンドル１世（1777〜1825）、ウィーンでオーストリア帝国皇帝フランツ１世（1768〜1835）などに仕えた後、パリに戻って銀行家ジェームス・ロスチャイルド（1792〜1868）邸の料理長に就任し、名料理人としての地位と名声を得ました。

　カレームの料理への貢献度は大きく、特にパティシエとして類例のないユニークなレシピをまとめました（1815年刊、最初の料理書『絵画的菓子職人の書　Patissier pittoresque』）。また、給仕法の本も刊行（『フランスのメートル・ドテル　Maître d' hôtel français』）し、本書にはフランス式給仕法（大量の料理を用意して各人が好きなものを食べていくスタイル）と1810年にフランスに入ってきたロシア式の給仕法（一品ずつ順番に時系列で料理を出していくスタイル）の対比を行ない、「フランス式の方が優美で豪華である」軍配を挙げているのが興味深いところです。

早食い王ナポレオン

　皇帝の地位に上りつめたナポレオン・ボナパルトは美食家ではありませんでした。彼の特徴は、早食いで、1回の食事を20分以内ですませました。そのため、ナポレオンはしばしば消化不良に悩まされます。

　ナポレオンの2番目の付き人で忠実なしもべのルイ・エチエンヌ・サン・ドニ（1788～1856）はナポレオンの食事の印象を次のように述べています。

> 最もシンプルな料理が彼に最も似合うものでした。ナポレオンは非常にこだわりが強く、少しでも清潔さを欠いたり、食卓が乱れていたりすると、それだけで嫌悪感を抱いたのです。彼は、料理人が作る複雑でジューシーな料理よりも、熱いスープや、茹でた牛肉を好みました。ゆで卵やポーチドエッグ、オムレツ、マトンの小脚、カツレツ、牛肉のフィレ、子羊の胸肉や、鶏の手羽、レンズ豆、豆のサラダなどが、彼の朝食には習慣的に出されていました。この食事では、テーブルの上に2品以上の料理が置かれることはありませんでした。
>
> *ルイ＝エチエンヌ・サン＝ドニ『マムルーク・アリによるナポレオン回想録』*

　1814年から1821年までナポレオンの付き人を務め、忠実な従者として知られているルイ・ジョゼフ・マルシャン（1791～1876）もナポレオンの食事について次のように記しています。

> 彼は最もシンプルな料理を好みました。レンズ豆、白インゲン豆、インゲン豆は大好きでした。ただ、髪の毛のような糸が料理から出てくると怖くて食べられくなり、そのことを考えると胃が痛くなりました。ジャガイモはどんな調理法でも好んで、煮ても焼いてもよいと言っていました。
>
> *ルイ＝ジョゼフ・マルシャン『回想録』*

　ナポレオンにちなんだ有名な料理といえば、「鶏のマレンゴ風」という鶏肉、ニンニク、トマトを油でソテーし、目玉焼きやザリガニを添えたフ

ランス料理があります。これは、1800年6月にイタリアで行われたマレンゴの戦いでオーストリア軍を倒した後、シェフのデュナンがマレンゴで集めることのできた食材で作ったといわれていますが、俗説です。

　ナポレオンの個人秘書を務めたルイ・アントワーヌ・フォヴレ・ド・ブーリエンヌ（1769‐1834）は俗説を看破する証言を行なっています。

> 彼はほぼ毎朝、鶏肉を油とタマネギで和えたものを食べていました。この料理は、当時は「鶏のプロヴァンス風（プーレ・ア・ラ・プロヴァンス）」と呼ばれていたと思いますが、その後、フランスの飲食店では、「鶏のマレンゴ風（プーレ・ア・ラ・マレンゴ）」という、より野心的な名前をつけています。
>
> 　　　　　ルイ・アントワーヌ・フォーヴレ・ド・ブーリエンヌ『ナポレオン回想録』

　おそらくブーリエンヌが油でソテーした鶏肉料理——通常なら、プロヴァンス風と呼ばれるもの——を、ナポレオンへの称賛と料理の特別さを示すために「マレンゴ風」と名づけたのが発祥なのでしょう。そして、時は流れ、ナポレオンの名物料理をブランド化したいと考えたときに、この「マレンゴ風」の鶏肉料理にマレンゴの戦いの伝説を付記して歴史を作り上げたものだと思われます。

　ちなみに、現在ではプロヴァンス風とつけば、オリーブオイルとトマト、ニンニクを使うのが一般的ですが、ナポレオンが毎朝食べていた鶏のプロヴァンス風にトマトが使われていたかどうかはわかっていません。

　今回は食の革新について取り上げたいため、ナポレオンが食べていたレンズ豆、白インゲン豆、インゲン豆などの豆のサラダを紹介します。一回の食事を20分以内ですませた早食いナポレオンが好きだった豆料理。ナポレオンとフランス軍と関わりのあった人物が本にまとめています。その人物こそが、菓子職人兼シェフならびに食料雑貨商のニコラ・アペール（1749〜1841）で、別名、フランスが誇る食品保存の発明者でした。アペールは塩や酢、砂糖を加えずに、牛肉、鶏肉、卵、牛乳、惣菜など、あらゆる種類の農産物を厚くて口の大きいガラス瓶の中で密閉して保存食品として販売していました。

アペールの食品保存法は画期的でした。大きな特徴は2つあり、素材の味が変わってしまうような添加物（調味料の「さしす」：砂糖、塩、酢、）を加えずに野菜を保存できること、保存した食材は調理時に新鮮な状態で使えることでした。アペールは1804年、パリ近郊に世界初の真空瓶詰め工場を設立し、その後も様々な食品を密封する瓶保存の事業を行いました。

そして、1810年『すべての動物性および植物性食品の保存法』という本を刊行します。本書は初版6000部で、出版されるや瞬く間に売れ、フランスのみならずヨーロッパ各地で翻訳され、洗練された料理法と相まって食卓の世界に革命を巻き起こしました。フランス軍は彼の功績を重視し、1795年新たな保存法に対して12,000フランの賞金を提供し、1810年にはフランス内務省から、保存法のプロセスを公開することを条件に12,000フランを提供し、立派な賞も送りました。アペール（Appert）に敬意を表して、「appertization」という言葉も生まれました。これは、加熱殺菌を意味するフランス語由来の言葉です。

グリーンピース、インゲン豆など

グリーンピースを洗ってすぐに水気を切り、新鮮なバター1個と一緒に鍋で火にかけます。そこにパセリとチャイブの束を加え、バターで何度か炒めた後、少量の小麦粉をまぶし、すぐに豆の高さまで熱湯で湿らせます。この状態で25分ほど茹でて、ソースがほとんど残らないようにします。その後、塩とコショウで味付けし、煮詰まるまで火にかけます。煮詰まったらすぐに火から下ろし、エンドウ豆1本に対して、木の実ほどの大きさのフレッシュバター1個と大さじ1杯の粉砂糖を加えます。バターが溶けるまで火から下ろさずによくかき混ぜ、ピラミッド型にして皿に盛り付けて、しっかりと温めます。

（ニコラ・アペール『すべての動物性および植物性食品の保存法』）

豆の項目から一部抜粋しました。その後も具体的においしく味わう方法が書かれています。例えば、この項目では、グリーンピースやインゲン豆など、あらゆる種類の野菜をゆでて、その日に食べるときと同様に味付けし、冷めたら瓶などの容器に入れて蓋をして、水風呂で30分ほど茹でてお

くとよいということが書かれています。アペールは、食品保存法を確立し、陸路や水路など旅の際の食糧危機を解決する食の革命児となったのです。

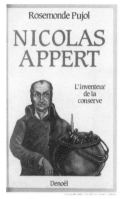

ニコラス・アペール肖像

『全ての家政従事者のための本、すなわち、あらゆる肉類・野菜果物類を数年間保存する疑似術』表紙

『危うく膨らんだプディング、または国家という美食家たちが軽い夜食をとる』
ジェイムズ・ギルリー（1756〜1815）画（1805）

早食い王ナポレオンも平時の際だけでなく、緊急時でも安心して好物の料理が味わえたことでしょう。

こだわりの男ベートーヴェンのお気に入り

　ベートーヴェンは一言でいうと「こだわりの男」でした。先に紹介した厨房での一人奮闘して友人ザイフリートたちに提供した4品の料理もベートーヴェンの頑固なこだわりの結晶といえるでしょう。

　美食家にはほど遠い偏食家ベートーヴェンの大の好物は、ドナウ川で獲れる魚でした。「魚喰いの古代ギリシア人」を意識したのかベートーヴェンの友人で、ジャーナリスト兼台本作家のカール・ヨーゼフ・ベルナルト（1781-1850）はベートーヴェンに古代ギリシア語の「魚喰い（イクテュオファゴス）ιχθυοφάγος」をドイツ語読みした「魚喰い（イヒテヨファーゲ）ichthyophaga」という二つ名を与えたそうです。

　魚の中では、鯉、カワカマス、燻製ニシンがベートーヴェンの大好物ですが、それ以外にもドナウ川で獲れる淡水魚を「情熱」的に味わっていました。フィレンツェのガリレオ・ガリレイがアルノ川の魚を食すなら、ウィーンのベートーヴェンはドナウ川だと言わんばかりにドナウ川産の魚たちを"地産地消"していたのです。今回は、当時のドナウ川に棲息していた魚でかつ現代日本でも入手できるスズキを使った料理を紹介します。スズキをおいしく味わう方法が当時のウィーン料理書に記されています。

---

332. 魚の上手な調理法（ドナウ川のスズキのジャガイモ添え）
少量のグリーンパセリ、タマネギ、ニンニクをみじん切りにし、両面に塩をまぶした魚にコショウ、メースを少量かけ、いくつかの箇所に切り込みを入れ、上記の刻んで混ぜ合わせたスパイスと野菜とアンチョビを切り込みに入れる。その後、ブリキ製のボウルにバターとミルククリームを塗り、[魚の]片面をクリームに浸すように置き、焼く。色づいてきたところで魚にまたミルククリームを塗り、オーブンに入れる。これでソースめいたものができる。あとは食

卓に出せばよろしい。

（テレジア・ムック『Die Wiener-Köchin wie sie seyn soll, oder』白沢達生訳）

　本料理書の作者テレジア・ムック（生没年不詳）はウィーンのネイサ
ン・アダム・フォン・アルンシュタイン男爵（1748〜1838）に仕えていた
料理人です。このアルンシュタイン男爵の妻、ファニー・アルンシュタイ
ン（1758〜1818）は、ウィーンでは有名なサロン主催者でした。ウィーン
会議にフランス外相として出席したタレーラン、すなわちシャルル＝モー
リス・ド・タレーラン＝ペリゴール（1754〜1838）も彼女のサロンに出入
りしていたようです。

　ところで、ファニー・アルンシュタインはウィーン楽友協会の成立にも関
わっていました。おそらく、8歳年上でほぼ同時代人の宮廷楽長サリエーリ
とも縁はあったことでしょう。ファニーや彼女の娘ヘンリエッタは音楽の才
能があったようで、ファニーのいとこのレア・ザロモンはなんと作曲家姉弟
メンデルスゾーンの母親だということ。

『ウィーンの料理女かくあるべし、
または我が約30年の料理メモ集
成 全6部』

　ヴァイオリン協奏曲で有名な作曲家の姉
のほうファニー・メンデルスゾーンの名前
はまさに男爵夫人にちなんで名付けられた
のだそうです。

　音楽と密接なかかわりを持つアルンシュ
タイン家の料理人が書いたウィーンの料理
本に登場したスズキ料理を、ベートーヴェ
ンはレストランや自宅で家政婦に作らせて
味わっていたかもしれません。この料理の
もう一つの特徴はジャガイモです。上記の
レシピには一言も触れられていませんが、
当時、ジャガイモを添えるのが通例でし
た。中世のヨーロッパには存在しなかった

ジャガイモが18世紀以降、急速に普及し、日々の献立に登場するようになるのです。事実、ベートーヴェンが晩年、筆談に使用した「会話帳」にも、肉の付け合わせとしてジャガイモが出てきます。

ドナウ川の魚たちの偏愛ぶりはベートーヴェンの身体に影響を与えました。19世紀前半ウィーンにも産業革命の動きが起こり、工場がドナウ川近辺に建設されていきました。結果、工場排水がドナウ川に注がれていきました。直接的な原因かどうかはわかりませんが、工業排水まみれの魚を食べた結果魚ベートーヴェンの身体に異変が起こっていったのは容易に想像できます。ベートーヴェンが魚狂いの偏食家だったことは、死亡後の書面にある魚名の記述からも明らかでした。古代ギリシア以来の魚喰いを二つ名に持った大作曲家は1827年にその生涯に幕を閉じました。

19世紀英国の国民食カレー

アーサー・コナン・ドイル（1859～1930）は1887年から1927年までの長きにわたり、シャーロック・ホームズシリーズを執筆しています。物語の舞台は19世紀末のヴィクトリア朝のロンドン。そのホームズシリーズには多くの料理描写が登場します。

全オリジナル作品から取り上げてみると、コールドビーフ、コーヒー、トースト、サンドイッチ、山鴫のご馳走、鳥肝捏物のパイ、ココア、ハム・エッグ、チキン・カレー、ヤマウズラの冷肉、牡蠣と雷鳥、羊肉のカレー料理、牛肉の缶詰、桃缶、牛肉の大きな塊からうすく一片切りとって輪切りのパンの間にはさんだ粗末な即席サンドイッチ、グリーンピースなどが挙げられます。19世紀末のロンドン庶民の食事として意外に思われる料理が登場していると感じたかもしれません。それは、カレーです。

> 「ハドスン夫人はずいぶんきがきくよ」と、ホームズはチキン・カレーのふたを開けながら言った。「彼女の料理は種類こそ少ないが、朝食のアイディアにかけてはスコットランド女性も顔負けだ。そこにあるのは何かね？ワトスン」

「ハム・エッグだ」と、わたしは答えた。

「わかった！　フェルプスさん、あなたは何をめし上がるかな、チキン・カレー、それとも卵？　自分で取りますか？」

（「海軍条約文書事件」）

昏睡から覚めたハンタも、スカーフ・タイの持ち主についてははっきり覚えていた。それから、その見知らぬ男が窓のところに立っている時に、羊肉のカレー料理に薬を入れて、自分を眠らせたに違いないと、同じく確信していた。

（「白銀号事件」）

　ホームズ作品と併せて、イギリスとカレーの話をいたしましょう。「白銀号事件」では、カレーを謎解きのヒントに使っています。アヘンを隠すための道具として、カレーを活かしているのが特徴です。実は、当時カレーはイギリスを代表する料理といっても過言ではないほどの存在感を放っていました。

　19世紀の100年間で、植民地ではなくイギリス本国でのカレーの存在が大きくなっていきました。その土壌を作ったのが18世紀で、ホームズの時代から100年ほど前の時点でイギリス人の間にカレーという言葉はすでに浸透していたそうです。イギリスと友好条約を結んでいたインド中南部のニザーム王国の宮廷料理やカレーが伝わっていきました。

　初期にインドへ移住したイギリス人たちはスパイスを多用するゴア料理（インド料理の一部）にそれほど違和感を覚えなかったようでした。というのも18世紀のイギリスでは料理にクミン、キャラウェイ、ジンジャー、コショウ、シナモン、クローブ、ナツメグをふんだんに使う中世ヨーロッパの食の伝統が健在だったからです。一方、フランスでは多種多様な香辛料をふんだんに使う中世の伝統からいち早く脱却し、香辛料はコショウ、クローブ、ナツメグに絞って、効果的に料理においしく使うように変わっていました。

19世紀に入ると、イギリス人がゴアから引き上げる際に、ゴア料理とゴアの料理人をイギリスへ連れだったと言われています。もっとも、カレーのレシピが最初に載ったのは1796年版のハンナ・グラース著『簡単に作れる料理の技法』です。1747年の初版では、コリアンダーシードとコショウで味付けする料理でしたが、18世紀末のこの年の版でカレー粉とトウガラシパウダーが追加されたのでした。

その後、カレーのレシピは19世紀に立て続けに刊行された料理書に掲載されました。いずれもイギリス人がインドに在住し、インド料理の数多くの料理からアレンジを加えたレシピが収録されていったのです。

そして、19世紀のイギリスの中流階級でカレーが流行する一因となったのが大衆向けの雑誌にインド料理のレシピが掲載されるようになったことです。カレーが人気となった決め手は、庶民のお財布にやさしくとても経済的だったからです。また、カレーは残り物の肉や野菜を使い切る理想の料理でした。余り物の肉や野菜をカレーパウダーやスパイスで混ぜて使い切るため、家庭の食卓での献立を考える際の解決策として有効だったためです。

最も有名な料理著作家の一人であるイザベラ・ビートン（1836〜1865）が記した『ビートンの家政指南書』では、インド現地の味わいからイギリス人の好みの味に置き換えたカレー料理のレシピを載せています。

> 肉は食べやすい大きさに切り、ゼリーや切り落としを煮詰めて肉汁にする。鍋にバターを熱し、タマネギを茶色になるまで炒め、小麦粉とカレー粉を入れて5分煮込み、リンゴとブイヨンを加えて材料が沸騰するまでかき混ぜる。蓋をして30分煮込み、濾して鍋に戻す。ほぼ沸騰したところでレモン果汁を加え、味を調えてから肉を入れる。鍋をストーブの脇に寄せ、肉を20分ほどホットソースに浸しておくが、沸騰させてはいけない。炊きたてのご飯の上にのせて食べる。
>
> （イザベラ・ビートン『ビートンの家政指南書』）

ビートン婦人のレシピにはインド現地の料理からイギリス流への変更が

次の通り見られます。

1. 多種多様のスパイスからカレー粉を使用する
2. カレー粉とだし汁を一緒に入れる
3. 小麦粉でとろみをつける
4. マンゴーを変更し、りんごを加える

　その後、この19世紀英国式カレーは現代のイギリスではすたれてしまい、ほとんど食べられなくなりました。イギリスでは今でもカレーが国民食といってもいいくらい人気ですが、本場インドから直輸入したカレーを味わっています。今、19世紀英国式カレーは、日本で生き続けています。

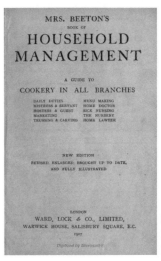

『ビートン夫人の家政読本　Mrs Beeton's Book of Household Management』表紙

料理の主役は貴族からブルジョワジーへ

　1789年のフランス革命の結果によって大きな変化が起こりました。革命後、王族や貴族が国外に亡命したことによって、多くの宮廷料理人は職を失い、その多くがパリでレストランを開きました。この潮流により、食文化発展の舞台は、宮廷からレストランへと移っていきました。貴族が独占していたガストロノミーと呼ばれる美食文化が、パリのブルジョワジー（中産階級の市民）に解放されました。ブルジョワにとって憧れだった貴族の食事に手が届くようになり、彼らの食生活は洗練されていきます。人びとは心ときめく料理や新たな食文化を求めて、レストランへ日々通いま

した。

　フランス革命後からウィーン会議まで、ナポレオンに引っ掻き回された時代でした。特に音楽家の受難は続き、ハイドンは死期が早まり、ベートーヴェンは創作料理を作り、サリエーリはミルクコーヒーをあきらめざるを得ませんでした。

　しかし、ナポレオンも大陸封鎖令による食料の供給制限や代用ドリンクに振り回された人々の鬱屈した欲望の前に叩きのめされます。ようやく、1810年代に入り、食の制限なく味わえるようになりました。また、皮肉なことですが、普通のコーヒーカップの半分ほどの大きさのカップで供されるエスプレッソが生まれたのはナポレオンの食料の供給制限によるものでした。

　本章（19世紀）の料理は3品です。

　1．ナポレオンお好みの豆のサラダ…早食い王ナポレオンは、シンプルな料理を好んでいました。今回はその中から豆料理を紹介します。レシピは密閉保存などの食品保存法を確立し、ナポレオンとフランス軍との関わりがあったニコラ・アペールの書物に登場します。この保存法によって、ナポレオンは緊急時も好物の豆料理を味わうことができました。（レシピ250ページ参照）

　2．偏食家ベートーヴェンのスズキとジャガイモのオーブン焼き…古代ギリシア以来の「魚喰い」の異名を持つ偏食家ベートーヴェン。彼はドナウ川の魚料理を愛していました。日本でも入手可能なスズキをタマネギ、ニンニク、香辛料、塩にジャガイモを上から乗せてミルクソースをふりかけてオーブンで焼き上げる料理です。レシピは、音楽と密接に関わる男爵家に仕える料理人が記したもので、まるで音楽と料理が呼応するかのようです。また、産業革命と公害にも触れています。（レシピ251ページ参照）

3．シャーロック・ホームズのカレー料理…産業革命後のイギリス料理の一端は19世紀終盤に登場したコナン・ドイルのシャーロックシリーズの中で意外と多く描かれています。フランスのケースとは違い、貴族の料理と庶民の料理との調理法は分断されるのですが、その中で貴族から庶民まで国民的な人気を誇った料理がカレーでした。その要因の一つが大衆向けの雑誌に、インド料理のレシピが掲載され、認知度が高まりました。そしてカレーが人気となった決め手は、庶民のお財布にやさしくとても経済的で、しかも残り物の肉や野菜を使い切る理想の料理だとわかったからです。（レシピ252ページ参照）

第 10 章

グローバリズムと
ローカリズム

20世紀

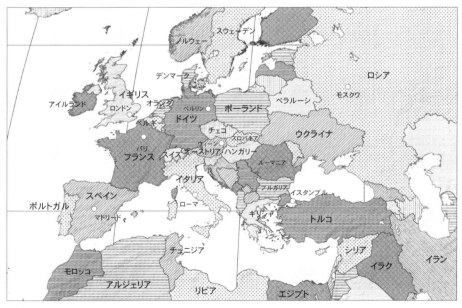

20世紀のヨーロッパ

20世紀の食卓

胃袋が空では、すぐれた政治顧問にはなれない。

（アルベルト・アインシュタイン）

　1879年、ドイツ南部のウルムという町でアルベルト・アインシュタイン（1879〜1955）は誕生しました。アインシュタインはミュンヘンで育ち、ドイツを中心にヨーロッパで活動しました。1933年54歳の時にアメリカへ移住。アメリカのプリンストン高級研究所の数学部長に就任します。そして、40歳でアメリカ国籍を取得します。1933年、ドイツはナチスが政権を握り、ユダヤ人だったアインシュタインは身の危険を感じていたのです。なんと、アインシュタインの首には５万マルクの賞金がかけられていたのでした。アメリカ行きは実質的な亡命でした。

　このようなアインシュタインは食と政治に関連した上記の言葉を発しています。英語では"An empty stomach is not a good political adviser."となりますが、いつどこで具体的に何を指して言ったのかはっきりしていません。しかし、空腹であることと政治を結びつけるのはアインシュタインらしい言葉とも感じます。

　アインシュタインは若いころから戦争がない世界を理想とする平和主義者でしたが、20世紀前半のドイツの政治状況に振り回されており、社会や政治に強い関心を持っていたといわれています。

　そんな20世紀の社会情勢と食文化の進展という点で何が起こったでしょうか。20世紀の食卓をめぐっていきましょう。

イタリア地方料理収集、国民料理への道

　20世紀を目前にした1891年、文筆家のペッレグリーノ・アルトゥージ（1821〜1911）は料理書『料理における科学と美味しく食べる方法　La Scienza in Cucina E L'Arte DI Mangiar Bene』を著します。これはトスカーナ、ロマーニャ、ナポリ、ローマ、ミラノ、パドヴァ、トリエステ、トリノなどの各都市のレシピを収集した本格的な料理書です。ただし、南イタリアは取り上げられず、不完全でした。それでもイタリアで初めての地方料理を取り上げた料理書となりました。

　このアルトゥージの動きを受けて、『料理における科学と美味しく食べる方法』に未収録の、イタリアの各地方の料理をそれが、レシピ収集者のヴィットーリオ・アニェッティ（生没年不詳）が1909年に刊行した『地方名物料理からなる新しい料理　La nuova cucina delle specialità regionali』です。ヴェネトやサルディーニャを補強し、ロマーニャを深堀りし、「イタリアの食」という地図を、現実のイタリア半島の地形により近づけるべく拡張していきました。

エスコフィエの組織術と日本人料理人が受けた薫陶

　19世紀後半から20世紀初頭の有名な料理人ジョルジュ・オーギュスト・エスコフィエ（1846〜1935）は、フランス料理の偉大な改革者といわれています。彼は、街のレストランではなく豪華ホテルでの美食提供を行っていました。エスコフィエの改革は、ロシア式給仕法（1品ずつ順に料理を提供するスタイル）に合わせた料理の簡素化でした。大がかりで手のかかる飾りを極力排除し、盛りつけも単純化しました。これにより、調理時間が短縮され、できたてを味わうことを重視する給仕法に対応することができるようになりました。

　また、厨房の仕事を組み換え、組織を再編しました。それまで各部門で

個別に料理を仕上げていたのですが、調理作業を分解して各部門にふり分け、各部門が作ったパーツを組み立てて料理を完成させる形式に改善しました。また、1903年に初の主著となる『料理の手引き　Le Guide Culinaire』を出版。本書は、現在でもフランス料理の基本の書として読み続けられています。

　エスコフィエと実業家セザール・リッツ（1850〜1918）は、1898年、パリにオテル・リッツを、その翌年、ロンドンにカールトン・ホテルをと立て続けにホテルを開業し、エスコフィエは2つのホテルの料理長を兼任しました。この19世紀末から20世紀初頭に大都市で建設されたホテルが新たな美食の提供場となりました。

　そんなエスコフィエに師事した日本人料理人がいました。築地精養軒第4代目料理長を務めた西尾益吉（生没年不詳）や「天皇の料理番」こと宮内省（後の宮内庁）で主厨長を務めた秋山徳蔵（1888〜1974）、「帝国ホテル」第8代総料理長の石渡文治郎（1883〜1951）などです。明治から昭和の日本の洋食を作り上げたそうそうたる顔ぶれがフランスへと向かいました。その中でも、秋山徳蔵はヨーロッパでの料理修行の記録をのこしています。

　秋山は、シベリア鉄道経由でヨーロッパに渡り、まずはドイツ・ベルリンのホテル・アドロンで働きます。ベルリンで働いた結果、「ドイツという国は、御承知のように、実質的な、ゴツゴツしたところのある国柄で、食べ物も、ジャガ芋やキャベツやソーセージといった風のところだから、一流ホテルや料理店となると、みんなフランス料理で、料理人もフランス人」（秋山徳蔵『味　天皇の料理番が語る昭和』）という結論となり、続いてパリへと向かいました。1909年に秋山はヨーロッパへ渡ったということなので、100年以上前のドイツの食事情、ヨーロッパでのフランス料理の存在感がありありとわかる文章です。

　それから秋山は、パリの日本大使館の紹介で、オテル・マジェスティックの厨房に2年、キャフェ・ド・パリで6か月修業し、当時料理長のエス

コフィエがいるオテル・リッツで6か月働き、エスコフィエの教えを受けました。秋山はフランスの料理術を現地で学びましたが、それとともにフランスでの料理人の地位の高さに羨望を覚えたことが本人の手記からわかります。秋山は、エスコフィエがオテル・リッツの料理長として一般社会にも名の知れた存在として「重みを示している」点に非常に驚いていました。

　第4章から本章まで連続してフランス料理の世紀ごとの変遷を書いてきましたが、フランスでは、中世から連綿と続く食の財産に革新を行なって、結果として世界三大料理の一つに挙げられるほど豊かな食文化となっているわけです。

国民食へ躍り出るフィッシュ・アンド・チップス

　19世紀後半からイギリスのヴィクトリア朝で広がりをみせたのが、フィッシュ・アンド・チップスでした。この料理は文字通り、揚げた白身魚とポテトをつけ合わた料理です。イギリスでは、魚は古来より食べられ、ジャガイモも—8章でレオポルト・モーツァルトが紹介したように—18世紀から食べられてきました。また、19世紀後半、蒸気トロール漁船と鉄道の発展という産業革命の技術革新により、内陸部でも、港から水揚げされた魚が翌朝には供給されるようになります。

　イギリスの揚げ魚の料理は、ポルトガルからやってきたユダヤ人がヘンリー8世の治世に揚げた魚を食べていたことが発祥とされ、17、18世紀のイギリスでユダヤ人社会が拡大したことにともない、広まっていきました。1855年刊行の亡命フランス人にしてイギリスの料理人アレクシス・ソワイエ（1810〜1858）の『庶民のための1シリング料理 Shilling Cookery for the People』にフライド・フィッシュのレシピが載っています。

75. 揚げ魚、ユダヤ風
これは、イスラエルの子供たちが絶えず使用している魚の揚げ物のもう
1つの優れた方法であり、強く強くお勧めします。多くの人が毛嫌いし
ている様々な種類の魚は、このプロセスによって優れた調理ができるほ
どです。その料理を食べることで多くの人が、最も高価な魚だとだまさ
れるほどのおいしさです。このプロセスは、単純で効果的かつ経済的です。

　また、フライド・ポテトの発祥は諸説あり、「17世紀ベルギー南部ナミ
ュールで魚の代わりに、地元住民がジャガイモを揚げたのが起源」という
ものや、「19世紀初頭のフランスにパリで登場し、中産階級を中心に広ま
ったもの」（2018年8月26日付『読売新聞』朝刊国際面「フライドポテト
発祥バトル ベルギーvsフランス」より）などが挙げられます。そういっ
た揚げたポテトが19世紀にイギリスに入ってきて、1850年代からその2つ
を一緒に販売するようになりました。

　はじめて食べられた時期や最初のフィッシュ・アンド・チップス店がい
つなのか、真相は闇のなかですが、とにかく第一次世界大戦が勃発する以
前の1910年代にイギリスで25000軒ものフライド・フィッシュ店が店舗を
構えるようになりました。これは庶民に開かれた最初の外食産業といわれ
ています。これほどフライド・フィッシュ店が激増した背景には、社会階
層の下部にいる人々にとって、フィッシュ・アンド・チップスは、安価か
つ栄養豊富でおいしい食べものだったからです。

　二度の大戦後も労働者階級に支えられて、安価で腹持ちのよいお持ち帰
り料理として定着し、20世紀のイギリスを代表する料理の一つにまで発展
しました。

戦時下の食卓・ドイツ

　1915年、第一次世界大戦中のドイツの食事情はひっ迫していました。ド

イツは戦前、農産物の３割近くを輸入に頼っていたものの、危機意識の薄さから備蓄はされておらず、結果、戦時パン（Kriegsbrot）と呼ばれる特別なパン（ライ麦粉６割、小麦粉３割、ジャガイモ粉１割の比率で製造）が配給されることになりました。配給はやがて、ジャガイモ（週に750グラム）や肉（週に250グラム）など、ほとんどの食料品に及びました。

　1916年〜1917年の冬は、「カブラの冬」という名称でも有名で、穀物やジャガイモが極端に欠乏し、カブの一種（ルタバガ＝スウェーデンカブ）を食べて飢えをしのぐこととなりました。この食物は不人気で、料理書も何冊も出されましたがやはり不人気でした。曰く、「人間の食べ物ではない」という新聞への投書がこの状況を物語っています。

　そんな戦時下のドイツに日本人が暮らしていました。

　敵国人となってしまったドイツ在住の日本人は、収容所に抑留されてしまいます。収容所での悲惨な料理の描写があるので紹介します。ドイツに留学し、ハレ大学で結核を研究した小田部荘三郎（1886〜1967）は、ウェーゼルの「監獄」に抑留されます。小田部は、ドイツを裏切って交戦状態に入った裏切り者の日本人として、収容所内の監視人や見物に来た近所の住民から、日本は恩知らず、無礼、強盗、詐欺など侮蔑的で、虐待的な言葉を浴びせられたそうです。出された料理は、ジャガイモと塩水で煮たようなスープで、家畜の餌かとおもうほどのまずさでした。コーヒーは薄い泥水のようだったそうで、ナポレオンの頃に苦労して作った代用チコリコーヒーの方がまだましだったかもしれません。「カブラの冬」での配給料理でもそうですが、「人間の食べ物ではない」。この言葉が戦時下ドイツの悲惨さをより一層物語っているといえるでしょう。

ラフマニノフの郷愁

　20世紀を生きたロシアの作曲家セルゲイ・ラフマニノフ（1873〜19433）。彼の家系は15世紀にまでさかのぼることができます。ラフマニノ

フ一族は音楽の才能で名声を博しており、曽祖父は合唱団とオーケストラを編成しました。彼らの多くがバイオリンやピアノの演奏に優れていました。

　成長したラフマニノフに対する周囲の印象は、あまり感情を表さないものの、心の奥底に秘めた情熱の炎がしばしば見受けられる人物といったものでした。また、ラフマニノフはロシアを深く愛していました。例えば文学では、レフ・トルストイ（1828～1910）とアントン・チェーホフ（1860～1904）という同時代の作家の作品を愛読し、イリヤ・レーピン（1844～1930）、ヴァレンティン・セローフ（1865～1911）などのロシアの画家の作品を鑑賞しに美術館を訪れていました。また、モスクワのマールイ劇場に通い、俳優たちの演技に感動するなどしています。そして音楽では、ロシアの作曲家のミハイル・グリンカ（1804～1857）やピョートル・チャイコフスキー（1840～1893）などの音楽を愛していました。

　そんな彼の人生を左右する大きな時代のうねりがありました。ロシア革命です。演奏家としてのキャリアを順調に積み重ねていたラフマニノフは、ロシアのみならずヨーロッパとアメリカで演奏旅行を行なっていましたが、革命の進行とともに取り巻く環境が激変しました。ロシアを深く愛していた彼はそんな状況を憂い、結果、一家でロシアを去ります。まずは1917年に演奏会に招かれたスウェーデンへ向かい、そしてデンマークに拠点を移し、1918年からはアメリカへ渡ってコンサート活動を行なうようになりました。

　そんなラフマニノフの食事のエピソードが残っています。1913年1月から4月までのローマ滞在によって「西欧化」したラフマニノフは、モスクワに戻ってもイタリア人のように振る舞い、夕食に招いた友人たちをイタリア風の食事でもてなしたそうです。イタリアで出されたパスタ料理を食べて「学習」し、モスクワの地でローマ風パスタの再現に挑戦しました。それが、19世紀後半から20世紀初頭にかけてローマで人気を博したアマトリチャーナです。ラフマニノフは、おいしくてこのパスタ以外食べようと

しなかったと妻のナターリヤ・サーチナ（1877〜1951）が証言するほどでした。愛するロシアでの友人たちとの語らい。心を許した人だけに見せるラフマニノフの笑顔がそこにはありました。

ラフマニノフと日本人

ラフマニノフに会った日本人がいます。日本の西洋音楽の分野で初めて本格的な活動を行った作曲家の山田耕筰（1886〜1965）です。1918年に山田耕筰がラフマニノフとニューヨーク在住の音楽者によって組織されているニューヨーク・ボヘミアン・クラブでの盛大な「banquet（饗宴）」で、約5分間ドイツ語で語らった手記がのこっています。

> 話はもちろん日本の樂界のことにも及びました。
> 「機會があるならば自分も是非美しい夢のやうな貴方のお國をお訪ねしたいのです。」とラクマニーノフは申しました。私はさうした言葉にある喜びを感じてゐながらも、現在の私どもの國のありさまを思い浮べて、苦笑をもしながら「もう日本は夢の國ではありません。餘りに現實化してしまひました。もしあなたが夢の國として日本におこしになつたならば、おそらく失望なさることでせう。しかしもし貴方が日本へおこし下さるならば、私どもは如何ばかり幸福に感じ、また光榮に思ふか知れません。もし私にその力が與へられたならば、すぐにも貴方を日本にお招きしたいものです。」
> などと打ち語らひました。
> （「原文ママ」）
>
> （山田耕筰『山田耕筰著作全集【2】』）

その後、翌年2月にも小規模の会合に招待された山田耕筰はラフマニノフらと会い、「氣の利いた、面白い取り合わせ」の料理を食べながら、日本にまつわる色々な質問に答えました。ラフマニノフは日本の音楽と音階について理解しており、山田耕筰を驚かせました。ところで、山田耕筰は具体的な料理名を明言しませんでしたが、この時ロシア人と日本人がアメリカで何を食べたのか。気になるところです。

話がロシア革命に関する話題になると、「過去の追憶をたどるのは苦しい。」と固く口を閉ざして、何事も語りませんでした。あの素晴らしい愛しのロシアにはもう戻れないのだというラフマニノフの心の慟哭<ruby>慟哭<rt>どうこく</rt></ruby>が、聞こえてきそうです。

　ラフマニノフはロシアと祖国の料理を愛していました。アメリカで、亡命ロシア人が作る祖国の料理を食べられる機会は限定的だったようで、祖国への思いばかりが募っていったようでした。

ソビエト連邦の形成とスターリンの食卓

　1917年に起こったロシア革命により、ロマノフ王朝は倒され、ソビエト連邦が形成されました。ソビエト連邦の政治家、軍人で最高指導者ヨシフ・ヴィッサリオノヴィチ・スターリン（1878～1953）は「単一の多民族国家」としての体制を築こうとしました。そんな、スターリンの大食漢ぶりを紹介します。

> 　まず、彼は、空き腹に約八勺のウオトカを、ぐっと飲み干す。それから、生の刻みタマネギをつけた塩づけニシンを二匹、それにキュウリの漬物と黒パンとを食べる。つづいてまた、ウオトカを八勺ほど一気に飲む。次は、ジャガイモの蒸し焼きを添えた厚い羊肉二切れ、または生焼きの大きなビフテキに蒸し焼きのタマネギを添えて食べたり、ある時は、焼タマネギとゆでたジャガイモを添えた豚肉料理、またある時は、焼きジャガイモ添えのウィーンナシュニッツェルであったりする。
>
> 　　　　　（J.バーナード ハットン著、木村 浩 訳『スターリン―その秘められた生涯』）

　これが、とある日のスターリンの食卓です。空きっ腹にウォッカをぐっと飲み干すのが、ヨシフ流です。ロシアやヨーロッパの多くの国では、冬に備えて肉を塩漬けや乾燥保存させて、それを焼いたり煮たりしています。じっくりマリネした豚肉をオーブンで焼き上げると、下味がじっくり伝わって美味しいです。

スターリン政権からソビエト独自の料理がスタートしました。それが、中近東の味付けが特徴の香辛料をふんだんに加えた肉料理です。スターリンは故郷のコーカサス地方グルジア（現ジョージア）料理の味付けを好んでおり、牛肉や豚肉にも同様の味付けを行なったそうです。

　スターリンは串焼き羊肉（シャシリーク）、ピラフ（肉飯）、家鴨の焼肉などの故郷グルジア料理への偏愛が強く、日替わりのメニューにも、羊肉、大きなビフテキ、豚肉料理など、必ず肉料理が出されるなど、肉へのこだわりが見受けられます。現在、肉の串焼き料理「シャシリク」が普通にロシアで食べられるようになったのは、スターリン時代の遺産です。ロシア料理が「帝国の貴族風」から「ソビエト連邦の人民流」になっていきました。

終焉間近のオスマン帝国の日本人

　20世紀初頭、オスマン帝国の首都イスタンブルに、日本人がいました。第1次世界大戦前の1913、14年では外務省職員として留学中の小林哲之助（1889〜1929）と日本とオスマン帝国との間に貿易事業を展開するために設立された会社、中村商店の第2代支配人の中村榮一（1878〜1942）とその息子の3名です。

　オスマン帝国と日本の縁は、1892年にエルトゥールル号遭難事件の義捐金を届けに実業家の山田寅次郎（後の宗徧流第8世山田宗有）（1866〜1957）が、オスマン帝国に渡ったことからです。実は、1922年にオスマン帝国が滅亡するまで、両国間に外交関係は樹立されず、国家主導による通商関係が整備されることはありませんでした。

　両国の架け橋となって動いたのが、山田寅次郎です。イスタンブルにおいて日土両国の政府関係者と繋がりを持ち、オスマン帝国における日本の便益を図ったのです。この時期の寅次郎はいわば日本の「民間大使」でした。そんな山田寅次郎がオスマンでの生活を『土耳古畫観』として1冊の

本にまとめます。20世紀初頭のオスマン帝国の生活が記された非常に貴重な資料です。食について抜粋します。

> 中流の日常の食事を述べてみよう。朝は山羊の乳または牛乳を二、三合に、チーズとコーヒー、パンまたはビスケットを食す。昼および夜は羊の焼き肉と野菜の煮物、その他鳥や魚類を食し、次に先ほどのピラフを食べ、ジュースを飲み、最後に果物を食べる。

　山田寅次郎は、これ以外にも上流社会の人々が、オスマン料理に加え洋食を食していること、下級階級の人は夕食後コーヒー店に集い、コーヒー１杯飲みながら雑談すること、飲酒はしないことなどを挙げています。現在のトルコでは、国産ビールやワインを味わっているので、少々意外です。また、市中飲食店（ロカンタ）の描写では、ムハッレビ（トルコ風プディング）、エクメク・カダユフ（カステラ状の焼き菓子をシロップに浸したもの）、ドンドルマ（トルコ語で「凍らせたもの」の意。転じてアイスクリーム）など現代トルコで味わえるスイーツを売る菓子屋が各所にあり、客足が途切れないほどの人気だとつづっています。

　2200年ものローマ帝国並びにビザンツ帝国の歴史、600年ものオスマン帝国の歴史、そしてアナトリアと地中海に囲まれた海と山の幸によって、世界3大料理の一つトルコ料理が形成されたといってよいでしょう。

日本とスペインのお米外交

皇太子殿下
スペインの歴史をひもとけば、そこにはケルトの文化もあれば、セゴビアの水道橋に代表されるローマの文化、そして、アルハンブラ宮殿やコルドバのメスキータなどに象徴される、キリスト教とイスラム教の融合された見事な建築文化などがあります。ちなみに、スペインを代表する料理の一つであるパエージ

ャもイスラム教徒によってもたらされた料理を起源とすると、あるとき教えら
れました。(「原文ママ」)

（「スペインご訪問に際し（平成20年）皇太子殿下の記者会見」

宮内記者会代表質問1より　2018年7月11日、東宮御所

https://www.kunaicho.go.jp/okotoba/02/gaikoku/gaikoku-h20az-spain.html）

2008年、スペインにて行われるサラゴサ国際博覧会の開催に向けて、ス
ペインを訪問された当時の皇太子殿下（今上天皇）の記者会見での発言で
す。この訪問は、その3年前に開催された愛・地球博（2005年日本国際博
覧会）をスペインのフェリペ6世王太子（現国王）（1968～）が来訪され
たことへの返礼としての訪問でした。

米を主食としている日本にとって、非常に親近感のある料理であるスペ
イン料理パエージャ。皇太子殿下がスペインを代表する料理「パエージャ」
の起源はイスラム教徒によってもたらされたと発言されていますが、第5
章でも書いている通り、スペイン南部で使われる食材にはアラビア語起源
のものが多数存在し、米料理パエーリャの米（アロス arroz）は、アラビ
ア語の「アルッズ（ン）aruzz（un）」に由来します。そのアラビア語の
米（アルッズ（ン）aruzz（un））も、実は第1章で取り上げたラテン語
のオリューザ（oryza）に由来します。「アレクサンドロス交換」によって
ヨーロッパ世界にもたらされた米はこのような経緯で、スペインに広がり、
外交の一場面の話題にも登場しました。

天皇家とスペイン王室間で交わされた「お米」の話はこれだけにとどま
りません。1921年6月27日、パリのスペイン大使公邸で開かれたスペイン
国王アルフォンソ13世（1886～1931）の昼食会に裕仁皇太子（後の昭和天
皇）（1901～1989）は招かれています。その時のメニューの1つが「オマ
ール海老のアメリカ風、カレー味のお米」でした。

昭和天皇はそのことをずっと覚えていて、1980年10月スペイン国王ファ
ン・カルロス1世（1938～）の初来日でのやり取りの際に、カルロス1世

10

グローバリズムとローカリズム

に「あなたのおじいさん（アルフォンソ13世）にお米の料理をご馳走になった」と伝えています。カルロス1世の返答は「パエリアだったのか？（「原文ママ」）」というものでした。

　ちなみに、スペインでどこへ行っても食べられる料理が魚介類の載ったバレンシア風パエーリャです。しかし、本来のバレンシア風パエーリャは「山」の幸が特徴の料理です。地方の料理が観光の発展とともに見直され、元来の料理から「魔改造」を施され国民食に仕立て上げられる。身近なところでも起きている現象かもしれません。

アインシュタインの食卓

　1929年3月14日、50歳の誕生日を迎えたアルベルト・アインシュタインはベルリンで家族だけのささやかな生誕パーティを催したそうです。そんな、誕生日に何を味わったのか。翌3月15日付のニューヨーク・タイムズの記事に「誕生会料理」について、次のように報告されています。

> マッシュルームとスタッフドパイク（マッシュルームとカワカマスの詰め物）、サラダ、コンポット（果物の煮込み）、タルト。ただし、心臓の病気を考慮して飲むことを禁じられているコーヒーやワインを除いて。

　アインシュタインの50歳の誕生日祝いに、ベルリンの住居はギフトやメッセージであふれかえったそうです。贈り物には、ベルリン市から住居が、パリ大学からの名誉学位が、ポツダムの塔に彼の胸像が置かれる約束された手紙などが含まれていました。

　50歳祝いの食卓メニューに対して、当時のメディアには「ささやかで控えめな」という形容詞が並んだそうです。しかし、身内だけで楽しい時間を過ごすアインシュタインの姿が見て取れるようです。

　さて、アインシュタインの好物は何だったのか。証言している人物がいました。1927年から1933年までの7年間、ベルリンでアインシュタイン家

の家政婦を勤めたヘルタ・ヴァルドワ（1906～？）その人です。

　ヘルタ　最初にはたいがい、かき卵入りコンソメが出まして、次に卵のマヨネーズ添えの鮭をお出しいたします。この鮭はカンヅメでございます。それから豚フィレ肉の栗添え、マロンでございますね、がございまして、その後で**いつも苺に泡立てクリームをお出しいたしました。苺を泡雪のように混ぜてお出しするのでございます。**

　インタビュアー（フリードリッヒ・ヘルネック）　アインシュタインはどうも大変に苺が好きだったようですね。プレッシュの話によりますと、ガートにあるプレッシュの領地に来ていた時、アインシュタインは何ポンドも苺を食べたそうです。

　ヘルタ　先生はいつでも苺が大好きでいらっしゃいました。

（フリードリッヒ・ヘルネック『知られざるアインシュタイン　ベルリン1927-1933』）

　ヘルタは「主婦の補佐役」という肩書としてアインシュタイン家で働き、家政一般と料理を作ることが仕事でした。上記は、15～20名ほどのお客がアインシュタイン家に訪問したい際に作られた料理で、ヘルタがアインシュタインの妻エルザにメニューをお伝えしてその通り作ったものでした。エルザ夫人も鮭に添えるマヨネーズを作り、イチゴ料理の手伝いをしていることも書かれています。

　インタビュアーのフリードリッヒ・ヘルネックとヘルタが述べているとおり、アインシュタインの大好物はイチゴでした。他の資料によると、アインシュタインは学術病理学者で医者の友人ヤーノシュ・プレッシュ（1878～1957）の領地で少なくとも5から10ポンドものイチゴを食べたそうです。

　アインシュタインのイチゴ好きを称えたいと思い、今回、引用したヘルタのインタビューに登場する「苺に泡立てクリ

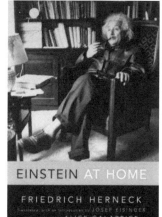

『Einstein at Home』表紙

ーム…苺を泡雪のように混ぜ」た料理を作ります。原文のドイツ語は、「hinterher immer eine Erdbeerspeise mit Schlagsahne, gemischt zu Erdbeerschnee.」となります。この「Erdbeerschnee」が「苺を泡雪のように」に該当し、英文では、「a strawberry dish with whipped cream mixed with strawberries to make "strawberry snow"（ホイップクリームにイチゴを混ぜて "ストロベリースノー" にしたイチゴ料理）」や「a strawberry dish with whipped cream, combined into a strawberry meringue（イチゴのメレンゲにホイップクリームを合わせたイチゴ料理）」と訳されています。

これは、「苺の泡雪 Erdbeerschnee」が、メレンゲとイチゴを合わせた料理で、そこにホイップクリームをあえて、アインシュタインに供しています。英文で2つの訳があるのは「苺の泡雪」こと、エルドベーアシュネー（Erdbeerschnee）の意味を英訳したものかその単語を英訳したものかの違いです。このエルドベーアシュネーの料理が1897年刊行のドイツの料理書『Kochbuch für drei und mehr Personen』に載っています。イチゴ以外にもりんごを使った「りんごの泡雪 Apfelschnee」というレシピもあります。もしメディアの宣伝やこのエピソードの拡散があったなら、アインシュタインイチゴ料理として名前がつけられたイチゴスイーツとして発信されていたのかもしれません。赤と白とピンクの色合いが鮮やかなイチゴ料理をアインシュタインにお届けしたいですね。

なお、これに似た料理は世界中にあり、イギリスで「発明」されたものは、イートン・メス（Eton mess）という料理名で知られています。イートン・メスはメレンゲ、果物（伝統的にイチゴを使用）、ホイップした生クリームを混ぜ合わせた、食感と風味が絶妙なイギリスのデザートです。また、メレンゲと生クリームにイチゴを飾り付けた同様のデザートにはオーストラリアまたはニュージーランドが起源とされるパヴロヴァ（Pavlova）があり、その名前はロシアのバレエダンサーで世界にバレエを伝えた伝道者でもあるアンナ・パヴロワ（1881～1931）から付けられた説

もあります。こちらは20世紀に「発明」された料理とされています。

アインシュタインとチャップリンの交流

> 「あなたは大衆に理解されているので人気があります。一方、大衆に教授が人気なのは彼が理解されていないからです。」

　この発言の主は、アルベルト・アインシュタインの息子でした。チャールズ・チャップリン（1889〜1977）は、1931年3月にベルリンのアインシュタイン宅を訪ねて、タルトを食べながらこの発言を聴いていました。チャップリンは彼のウィットに富んだ言葉に喜びを感じたそうです。

　さかのぼること2か月前の1931年1月、アインシュタインは妻エルザと共にロサンゼルスの劇場で行われた映画『街の灯』のプレミア公開に参加しています。その際アインシュタインの隣にはチャップリンが座りました。二人はそれ以前から親交を深めていたようです。

　同年、チャップリンはベルリンのハーバーランド通りのアインシュタイン宅に立ち寄っていることを家政婦のヘルタが証言しています。映画俳優チャップリンの姿ではなく、上品なふるまいだったとヘルタはインタビュアーのヘルネックに話しています。

アインシュタイン（左）とチャップリン（中央）
右はアインシュタインの妻エルザ

チャップリンのビリニ？

チャップリンのお気に入り料理が何だったのか。関係者が証言しています。

> チャーリーは、サワークリームとキャビアがのった大好物のロシアのパンケーキ「ビリニ」を注文しました。
>
> (Georgia Hale, "Charlie Chaplin: Intimate Close-Ups")

　証言者は女優のジョージア・ヘイルで、チャップリンの映画『黄金狂時代』にヒロインとして出演した人物です。ヘイルの回想録によると、チャップリンからの電話を受けて二人は「ロシアン・イーグル」という名のロシア人の伯爵が経営しているレストランで食事をとりました。この時の話題は、当時撮影中の映画『街の灯』で、盲目のヒロインを演じるヴァージニア・チェリルの演技に納得がいかないというものでした。そして、チャップリンはジョージア・ヘイルにこのヒロインの花売り娘の役をやってもらえないかというものでした。

　チャップリンの心を揺さぶる熱いアプローチにこの顛末が気になるところですが、ロシアのパンケーキ「ビリニ」に話を戻しましょう。まず、ジョージア・ヘイルが"Bilini,"と原文で伝えているロシアのパンケーキですが、これはスペルミスだと思われます。実際のところ、ブリヌイ（blini, Блины）のことでしょう。ブリヌイはロシア風パンケーキのことで、発祥の古代スラヴでは丸い形をしており、太陽のシンボルとして儀式のお供え物として出されていました。

　ロシアレストラン「ロシアン・イーグル」の設立の経緯はわかりませんが、1917年のロシア革命の結果、多くの亡命ロシア人が生まれました。ロシアからの亡命者の定住先はヨーロッパが多いのですが、シベリアから中国や日本を経由してアメリカ、それもチャップリンがいるカリフォルニアに渡った人も少なくありませんでした。アメリカへの亡命はロシアとは文

化も気候も全然違う日本よりも住みやすかったせいですが、もし日本に残ってくれていたら、それこそ餃子屋くらいの多さで日本にブリヌイ屋があったかもしれないと妄想してしまいます。ケバブキッチンカーやクレープ屋の同業で出てきたかもしれない幻のブリヌイ屋。ちょっと残念ですね。

　チャップリンとヘイルが食事した時期は1929年のことで、ソビエト連邦ではヨシフ・スターリン（1878〜1953）の独裁体制が強まっていた時期です。実はこの年の10月、文豪のレフ・トルストイの娘であるアレクサンドラ・トルスタヤ（1884‐1979）がソ連を離れて福井県の敦賀港へ上陸していました。そして日本のロシア文学者と交流をしたあと、1931年5月に日本を離れ、太平洋を渡ってサンフランシスコに向かっています。それはちょうど『街の灯』のプレミア上映を終えて祖国イギリスやアインシュタインの待つベルリンなどの西ヨーロッパ諸国、そして最後に日本をめぐる優雅な世界一周旅行に出かけたチャップリンとは入れ違いとなるタイミングでした。帝国が滅亡して社会主義となった祖国を嫌ったロシア人の大移動は続いていたのです。

　ハリウッドで大成功を続けながらものちにソ連との親密さを疑われてアメリカを追われたチャップリンとは違い、トルスタヤは養鶏場で苦労して働きながら、父についての講演やロシア人同胞の支援を続けて亡命先のアメリカで一生を終えました。彼女は、晩年に菜食主義になった父の食卓とそれがもたらした家族の葛藤についても語っていますが、その話はまたの機会に。しかし、世界を代表する文豪と喜劇王が間接的でも繋がっていたら、どんな作品と料理が生まれていたのでしょうね。

　そんな戦争と平和で揺れ動いた時期に、東と西の新たな出会いで生まれた特別なロシア風パンケーキ。それがブリヌイです。

　ブリヌイは21世紀も時折、脚光を浴びることがあります。トルスタヤが二度と帰らぬ旅に出た港町、ロシア連邦のウラジオストクで2018年9月に「東方経済フォーラム」が開催され、ロシアの伝統料理が注目されました。出席していたロシアのウラジーミル・プーチン大統領と中国の習近平国家

主席が、フォーラムの交渉後、「ロシア極東の街路」と題した展覧会を訪れ、即席で二人がブリヌイを焼き上げたというニュースが話題となりました。もともとブリヌイは古代スラヴでは丸い形をしていて、太陽のシンボルとして儀式のお供え物として出されていました。儀式のお供え物として、パフォーマンスの目玉として、ブリヌイは現在でも使われているのです。

戦争の世紀と食卓

　20世紀は２度の大戦や革命が起こり、故郷を捨てて新たな地へ亡命した人も多く、結果として食文化が広まった世紀でした。本章では、20世紀にヨーロッパで起こったエピソードに当時の日本人の動向も加えて取り上げました。ヨーロッパの食文化が遠く日本にもおよぶようになった様子がよくわかります。

　世界は急速にグローバル化が進み、どこに行っても同じ味が味わえるという時代になりましたが、一方で、その国、その地方の独自の味や料理についてもよさが見直されて、再び脚光を浴びるようになったという点も特徴だといえるでしょう。

　そんな20世紀から紹介する料理は、デザートにももってこい、アインシュタインが好んだ一皿と、チャップリンの大好物の一品です。

　１．イチゴの生クリーム添え…アインシュタイン家で働いたヘルタが15～20名ほどのお客がベルリンのアインシュタイン家を訪問したい際に作られた料理です。イチゴが大好きなアインシュタインのために、生クリームを泡立てて、「苺を泡雪のように混ぜ」たもので、当時の料理書とヘルタの証言から再構築しました。イチゴの赤と生クリームの白に、着色したメレンゲのピンクが合わさって、色のコントラストとイチゴと生クリームの甘さが楽しめる料理です。（レシピ254ページ参照）

２．ブリヌイ（20世紀ロシア風パンケーキ）…チャールズ・チャップリンが監督・脚本・製作・主演したコメディ映画『街の灯』。実は撮影はすんなりといかず、裏ではカリフォルニアのロシア料理屋にて、秘密裏の会合があったのです。チャップリンとジョージア・ヘイルの邂逅（かいこう）の場にあった料理はチャップリンが大好物ブリヌイでした。1917年のロシア革命の結果、多くの亡命ロシア人が生まれ、チャップリンがいるカリフォルニアに渡った人も少なくありませんでした。そんな、思い出深いブリヌイは、ロシアの伝統料理として21世紀でも脚光を浴びる機会があり、ニュースで取り上げられました。（レシピ255ページ参照）

おわりに

『食で読むヨーロッパ史2500年』いかがだったでしょうか。

本書は、「音楽と料理を通じた時代旅行と世界旅行」というプロジェクトを行なっている「音食紀行」の第5作目になります。本書では、ヨーロッパの歴史を食文化と絡めながら、様々な食の逸話を取り上げて、初めて読む人にもわかりやすく理解できるよう構成しました。全10章の構成で、第1章が古代ギリシア、ヘレニズム、共和政ローマ、第2章がローマ帝国、第3章がビザンツ帝国とフランク王国、第4章がモンゴル襲来とロシア、イングランド、フランス、第5章が15世紀のヨーロッパ、第6章が16世紀、第7章が17世紀、第8章が18世紀、第9章が19世紀、第10章が20世紀となっています。

なお、このあとのページには歴史上の料理の再現レシピを配置しています。歴史料理25品にヨーロッパの2500年を凝縮しました。是非、本文を読んだあと、作っていただければ嬉しい限りです。また、作らなくても、当時の偉人たちが何を味わっていたのかパラパラとめくっていただき、各偉人たちの料理を比較しながら歴史を文字通り味わっていただくのも一興でしょう。レシピから読んでも、歴史が感じられるように作りましたので、ご自身が気の向くままに本書に触れていただければ幸いです。

ところで、わたくしが本書を作ろうと思ったきっかけは、YouTubeで、ヨーロッパの国々の領土はどのように変化してきたのかを地図上に1年刻みでまとめた動画「The Rulers of Europe: Every Year」を観たからです。ヨーロッパを定点観測し、100年ごとにヨーロッパの食文化はどのような変遷を遂げていったのかをまとめてみたいと思いました。拙著『歴メシ！』でもオリエントとヨーロッパの食の世界を取り上げましたが、それらは各時代の要所要所を限定的に取り上げたもので、今回のように2500年のヨーロッパの食の歴史を本格的に調べながらまとめていくのは楽しくも苦しいものでした。

最初の構想ではヨーロッパの定点観測とし、100年ごとの移り変わりをまとめていこうと思いましたが、古代の100年と近現代の100年が同じ密度で書けるわけがないと早々に諦め、その時代の特徴的なエピソードを挿入し、そこから食文化に広げていく形式となりました。食文化をまとめるというよりも、その世紀の特徴的な逸話を基点に食文化を書きつづるようにしました。

今回、改めて食にまつわる逸話、歴史的な大事件、あまり知られていない出来事など様々な物語を収集しました。読んでいくとどれも時間を忘れるほど面白く、歴史の重みと面白さと力強さを存分に味わいました。その面白さが本書で少しでも感じられたなら、それに勝る喜びはございません。

　また、「音食紀行」という音楽を絡めたプロジェクトを行なっているため、「音」楽家の逸話を意識的に加えました。バッハ、レオポルト・モーツァルト、ハイドン、サリエーリ、ベートーヴェン、ラフマニノフ、そして山田耕筰。食に歴史あり、音楽に歴史あり、そして人に歴史あり。本書で、音楽家の新たな一面を取り上げられたらの思いでまとめました。楽しんでいただければ幸いです。

　そして、多くの専門の方々に監修いただきました。本書のクオリティが担保され、より良いものを目指せたのは、そのようなご尽力のおかげです。また、表紙イラスト、装幀、編集、料理写真など本書に関わった全ての皆さまのお力添えなくしては、本書が陽の目をみることはありませんでした。そして、過去から現代までの様々な先行研究についても、大変お世話になりました。本書に載せた参考文献はほんの一部を載せております。膨大なヨーロッパの食の歴史は多くの書物や論文に導かれて完成することができました。本当に感謝申し上げます。

　「歴史食体験イベント」を標榜する音食紀行は、新型コロナウイルス感染症（COVID-19）のため、2021年も引き続きイベントの開催を見合わせることとなりました。そんな中、これまで音食紀行のイベントに参加いただいている日本全国の方から、たくさんの温かい応援の声をいただきました。その声に応え、執筆に注力し、ヨーロッパの古代から現代までの2500年間の時代旅行をお気軽に、本書で体験いただければ幸いです。

　読んで、想って、味わって。五感を通じた食体験を気軽に行なっていただけるなら、これ以上の幸せはございません。またいつの日かどこかでお会いいたしましょう。

コメディ・バレ『町人貴族』を聴きながら

2021年7月　音食紀行　遠藤雅司

参考文献一覧

アエリウス・スパルティアヌス 他 （桑山由文、井上文則、南川高志 訳）『ローマ皇帝群像 2』京都大学学術出版会 2006

秋山徳蔵『味 天皇の料理番が語る昭和』中央公論新社 2005

アテナイオス（柳沼重剛 訳）『食卓の賢人たち（全5巻）』京都大学学術出版会 1997-2004

アリストパネス（高津春繁、呉茂一 訳）『アリストパネス傑作選（2）』グーテンベルク21 2015

アレクサンドル・ゴリデンヴェイゼル他（沓掛良彦 監訳、平野恵美子、前田ひろみ 訳）『ラフマニノフの想い出』水声社 2017

ウィリアム・シェイクスピア（小田島雄志 訳）『シェイクスピア全集 ウィンザーの陽気な女房たち』白水社 1983

ウィリアム・シェイクスピア（坪内逍遙 訳）『ザ・シェークスピア 愛蔵新版』第三書館 2007

海老沢敏、高橋英郎(編訳)『モーツァルト書簡全集 I』白水社 1976

遠藤雅司［音食紀行］(古代オリエント博物館 監修)『古代メソポタミア飯』大和書房 2020

カール・マルクス、フリードリヒ・エンゲルス（廣松渉 編訳、小林昌人 補訳）『新編輯版 ドイツ・イデオロギー』岩波書店 2002

クセノフォーン（佐々木 理 訳）『ソークラテースの思い出』岩波書店 1974

クリストファー・コロンブス（青木康征 訳）『完訳 コロンブス航海誌』平凡社 1993

コナン・ドイル『シャーロック・ホームズの思い出』新潮社 1953

J.バーナード・ハットン（木村浩 訳）『スターリン―その秘められた生涯』講談社 1989

新日本聖書刊行会 訳『旧約聖書』新日本聖書刊行会 2017

スエトニウス（國原吉之助 訳）『ローマ皇帝伝 下』岩波書店 1986

鈴木董『食はイスタンブルにあり 君府名物考』講談社 2020

関田淳子『ハプスブルク家の食卓』集英社 2002

セネカ（国原吉之助 訳）『アポコロキュントシス（ガイウス・ペトロニウス『サテュリコン―古代ローマの諷刺小説』に収録）』岩波書店 1991

セネカ（中澤務 訳）『人生の短さについて 他2篇』光文社 2017

ディオゲネス・ラエルティオス（加来彰俊 訳）『ギリシア哲学者列伝』岩波書店 1984

中野定雄、中野里美、中野美代 訳『プリニウスの博物誌〈第7巻~第11巻〉』雄山閣 2012

奈良岡聰智『「八月の砲声」を聞いた日本人 ― 第一次世界大戦と植村尚清『ドイツ幽閉記』』千倉書房 2013

新倉俊一、天沢退二郎、神沢栄三 訳『愛と剣と フランス中世文学集 2』白水社 1991

西川恵『皇室はなぜ世界で尊敬されるのか』新潮社 2019

P・クリストフ（編集）（藤川芳朗 訳）『マリー・アントワネットとマリア・テレジア秘密の往復書簡』岩波書店 2002

パトリック・ファース （目羅公和 訳）『古代ローマの食卓』東洋書林 2007

バーバラ・ウィートン（辻美樹 訳）『味覚の歴史 フランスの食文化――中世から革命まで』大修館書店 1991

林屋永吉 訳『コロンブス航海誌』岩波書店 1977

林屋永吉 訳『コロンブス 全航海の報告』岩波書店 2011

プラトン（藤沢令夫 訳）『国家(上)』岩波書店 1979

フリードリッヒ・ヘルネック（村上陽一郎、村上公子 訳）『知られざるアインシュタイン ベルリン1927-1933』紀伊國屋書店 1979

プルタルコス（柳沼重剛 訳）『英雄伝 1』京都大学学術出版会 2007

ホメロス（松平千秋 訳）『イリアス 上・下』岩波書店 1992

ホメロス（松平千秋 訳）『オデュッセイア 上・下』岩波書店 1994

ホメーロス（沓掛良彦 訳）『ホメーロスの諸神讃歌』筑摩書房 2004

前田昭雄『ベートーヴェン全集 1~10』講談社 1998-2000年

マドレーヌ・P.コズマン（加藤 恭子、平野加代子 訳）『中世の饗宴―ヨーロッパ中世と食の文化』原書房 1989

マルコ・ポーロ、ルスティケッロ・ダ・ピーサ（高田英樹 訳）『マルコ・ポーロ／ルスティケッロ・ダ・ピーサ　世界の記 「東方見聞録」対校訳』名古屋大学出版会 2013

三津間康幸『セレウコス朝およびアルシャク朝時代の王権の展開と都市バビロン：『日誌』を主要資料とした研究』東京大学 2009年

モリエール『町人貴族』岩波書店 1955

森本英夫『中世フランスの食—『料理指南』『ヴィアンディエ』『メナジエ・ド・パリ』』駿河台出版社 2004

森本英夫『ラ・ヴァレンヌ『フランスの料理人』—17世紀の料理書』駿河台出版社 2009

山田耕筰（後藤暢子、団伊玖磨、遠山一行 編）『山田耕筰著作全集　2』岩波書店 2001

山田寅次郎『土耳古畫観　復刻版』オクターブ 2016

リウトプランド（大月康弘 訳）『コンスタンティノープル使節記』知泉書館 2019

ルネ・ゲルダン（辻谷泰志 訳）『フランソワ一世 フランス・ルネサンスの王』国書刊行会 2014

Adam Smith, *An Inquiry into the Nature and Causes of the Wealth of Nations*, Oxford University Press, 1976.

Anthimus, Jim Chevallier（trans.）, *How To Cook an Early French Peacock*, Independently published, 2020.

Anthimus, Valentin Rose（edd.）, *De Observatione Ciborum*, In aedibus B.G. Teubneri, 1877.

Apicius, Joseph Dommers Vehling（trans.）, *Cooking and Dining in Imperial Rome*,Project Gutenberg License, 2009.

Auguste Escoffier, *Le Guide culinaire*, Paris, 1903.

Aysenur AKKAYA, Banu KOC, *Past, Present and Tomorrow of Baklava*, IRTAD Journal Vol 1 No 1（2017）: 2017·1,2017.

Barkan Ömer Lütfü, *İstanbul Saraylarına Ait Muhasebe Defterleri*, Türk Tarih Belgeleri Dergisi Cilt: 9 Sayı: 13, 1979.

Bartolomeo Scappi, *Opera di Bartolomeo Scappi mastro dell'arte del cucinare*, Venezia, 1570.

Bartolomeo Scappi, *The Opera of Bartolomeo Scappi（1570）: L'arte et prudenza d'un maestro cuoco*, University of Toronto Press, 2011.

Buchverlag Der Morgen, 1978.

Cassius Dio, *Roman History Vol. VIII*, Loeb Classical Library, 1925.

Carême, Marie-Antoine, *Le pâtissier pittoresque*, Paris, 1815.

Carême, Marie-Antoine, *Le Maître-d'hôtel français*, Paris, 1822.

Charlie Chaplin, *A Comedian Sees the World*, Univ of Missouri Pr, 2014.

Christopher Grocock, Sally Grainger（trans.）, *APICIUS*, Prospect Books, 2006.

Colmenero de Ledesma, *Antonio, Chocolata inda*, Nürnberg, 1644.

Dougherty, R.P., *Archives from Erech: Neo-Babylonian and Persian Periods（Goucher College Cuneiform Inscriptions Vol. II）*, New Haven, 1933.

Einhard, Samuel Epes Turner（trans.）, *The Life of Charlemagne: Vita Karoli Magni*, Amazon Services International, Inc, 2016.

E.W. Brayley, J. Britton, *The History of the Ancient Palace and Late Houses of Parliament at Westminster*, London, 1836.

Francesco Redi, Leigh Hunt（trans.）, *Bacchus in Tuscany*, London, 1825.

Friedrich Herneck, Alice Calaprice, Josef Eisinger（trans.）, *Einstein at Home（English Edition）*, Prometheus, 2016.

Galileo Galilei, *Le opere di Galileo Galilei. Volume XII. Carteggio 1614-1619*, Firenze, 1965.

Georgia Hale, *Charlie Chaplin: Intimate Close-Ups*, Scarecrow Press, 1999.

Grégoire Lozinski（edd.）, *Enseingnemenz qui enseingnent a apareillier toutes manieres de viands*, Honoré Champion, 1933.

Hermann Hunger, Robartus J. van der Spek, *An astronomical diary concerning Artaxerxes II（year 42 = 363-2）: Military operations in Babylonia*, Arta, 1-16., 2016.

Herneck, Friedrich, *Einstein privat - Herta W. erinnert sich an die Jahre 1927-1933*,

Homer , Murray, A.T.（trans.）, *L104) Odyssey: Volume I. Books 1-12*, Harvard University Press, William

Heinemann Ltd, 1945.

Homer ,Murray, A.T. (trans.), *L170N) The Iliad: Volume I,* Books 1-12, G.P.PUTNAM'S SON, William Heinemann Ltd, 1923.

Ignaz Franz Edler von Mosel, *Über das Leben und die Werke des Anton Salieri: Bearbeitet und Kommentiert von Rudolph Angermüller,* Bad Honnef, 1999.

Ignaz Franz Edler von Mosel, *Über das Leben und die Werke des Anton Salieri,* Wien, 1827.

Isabella Beeton, *Mrs Beeton's Book of Household Management,* London, 1907.

Jean-Jacques Rousseau, Les Confessions, Paris, 1849.

Jean Leclant, *Le café et les cafés à Paris (1644-1693),* Cambridge University Press, 2017.

Jean Pau Richter, *The Literary Works of Leonardo Da Vinci Compiled & Edited from the Original manuscripts,* Phaidon, 1970.

Jérôme Pichon (edd.), *Le Ménagierde Paris,* Paris, 1846.

John Gerard, *The Herball or Generall Historie of Plantes,* London, 1597.

Julia Landweber, *Domesticating the 'Queen of Beans': How Old Regime France Learned to Love Coffee,* World History Bulletin 26 (1), 10-12, 2010.

Jürgen Neffe, *Einstein: A Biography,* Farrar, Straus and Giroux, 2007.

Laurenza, Domenico, *Leonardo nella Roma di Leone X (c. 1513-16): gli studi anatomici, la vita, l'arte,* Giunti Editore, 2004.

La Varenne, *Le cuisinier François,* Paris, 1651.

Louis Antoine Fauvelet De Bourrienne, *Mémoires de M. de Bourrienne sur Napoléon, le Directoire, le Consulat, l'Empire et la Restauration,* Nabu Press, 2012.

Louis-Étienne Saint-Denis, *Napoleon from the Tuileries to St. Helena,* Wagram Press, 2011.

Louis-Joseph Marchand, *Mémoires de Marchand,* Paris, 1952.

Mark Mcwilliams (edd.), *Wrapped and Stuffed Foods Proceedings of the Oxford Symposium on Food and Cookery 2012,* Prospect Books, 2013.

Marleen Willebrands, *De verstandige kock,* Amsterdam, 1667.

Menon, Joseph, *Les soupers de la Cour,* Paris, 1755.

Nicolas Appert, *Le Livre de Tous Les Menages: Ou L'Art de Conserver, Pendant Plusieurs Annees,* Toutes Les Substances Animales Et Vegetales, Paris, 1810.

Nicolas Appert, *THE ART OF PRESERVING ALL KINDS OF Animal and Vegetable Substances FOR SEVERAL YEARS,* London, 1812.

Nicolas Appert, *THE ART OF PRESERVING ALL KINDS OF Animal and Vegetable Substances FOR SEVERAL YEARS,* London, 1812.

Osman Guldemir, *Baklava Recipes from the Greek King Otto I to the Present,* 14th Annual International Conference on Mediterranean Studies, 2021.

Philippe Syulvestre Dufour, *Traitez nouveaux et curieux du café, du thé et du chocolate,* Lyon, 1688.

Platina, *De honesta voluptate et valetudine,* Bologna, 1499.

Platina, Mary Ella Milham (trans.), *Platina's on Right Pleasure and Good Health: A Critical Abridgement and Translation of De Honesta Voluptate Et Valetudine,* Pegasus Pr, 1999.

Robartus J. van der Spek, *Darius III, Alexander the Great and Babylonian scholarship: A Persian Perspective. Essays in Memory of Heleen Sancisi-Weerdenburg* p.289-346, Nederlands Instituut voor het Nabije Oosten,2003

Ruperto de Nola, *The Libre del Coch,* Barcelona, 1520.

Ruperto de Nola, *Libro de Guisados,* Logrono, 1529.

Russ Castronovo, *Beautiful Democracy: Aesthetics and Anarchy in a Global Era,* University of Chicago Press, 2009.

Samuel Pegge (edd.), *The Forme of Cury: A Roll of Ancient English Cookery Compiled, about A.D. 1390,* Public Domain Books, 2005.

Soyer, Alexis, *Shilling Cookery for the People,* London, 1855.

Subligny, Adrien-Thomas Perdou de, *La Muse de Cour dédiée à Monseigneur le Dauphin,* Paris, 1666.

Susan Jaques, *The Empress of Art*, Pegasus Books, 2016.

Taillevant, *Le Viandier de Guillaume Tirel dit Taillevant*, Techener, 1892.

The New York Times, March 15, 1929, Page 3「EINSTEIN IS FOUND HIDING ON BIRTHDAY」, The New York Times, 1929.

Theodor Gottlieb von Hippel, *Zimmermann der I., und Friedrich der II.*, De Gruyter, 1828.

Theresia Muck, *Die Wiener Köchin wie sie seyn soll, oder mein eigenes durch dreyßig*

Jahre geprüftes Kochbuch in sechs Anteilungen, Wien, 1822.

Tim Dowley, *Bach: The Illustrated Lives of the Great Composers.*, Omnibus Press, 2011.

Tom Jaine edits, *Oxford Symposium on Food & Cookery, 1984 & 1985: Cookery : Science, Lore & Books : Proceedings*, Prospect Books, 1986.

Veerle Pauline Verhagen, *The Non-Latin Lexis in the Cooking Terminology of Anthimus' De Observatione Ciborum*, Leiden University, 2016.

William Shakespeare, *The Complete Works of Shakespeare*, Independently published, 2019

William Stirling-Maxwell, *The Cloister Life of the Emperor Charles V. The Fourth edition*, London, 1890.

［監督］トム・フーバー『レ・ミゼラブル（Blu-ray）』NBCユニバーサル・エンターテイメントジャパン 2013

読売新聞『2018年8月26日付『読売新聞』朝刊国際面「フライドポテト発祥バトル ベルギーvsフランス」』読売新聞 2018

宮内庁ホームページ「スペインご訪問に際し（平成20年）皇太子殿下の記者会見」宮内記者会代表質問問1 ご回答より　会見年月日：平成20年7月11日　会見場所：東宮御所

〈https://www.kunaicho.go.jp/okotoba/02/gaikoku/gaikoku-h20az-spain.html〉（2021.7.24確認）

モリエール『Le Bourgeois gentilhomme』

〈http://www.toutmoliere.net/acte-4,405366.html 〉（2021.7.24確認）

レオナルド・ダ・ヴィンチ『Codex Atlanticus』〈http://www.codex-atlanticus.it/ 〉（2021.7.24確認）

AFPBB News「エプロン姿の中口首脳、パンケーキ焼く 経済フォーラム関連行事」2018年9月12日 6:55

〈https://www.afpbb.com/articles/-/3189282〉（2021.7.24確認）

Aristophanes, *Peace* 700-728

〈http://www.perseus.tufts.edu/hopper/text?doc=Perseus%3Atext%3A1999.01.0037%3Acard%3D700〉（2021.7.23確認）

『Εἰς Δημήτρααν（Hymn 2 to Demeter）』

〈http://www.perseus.tufts.edu/hopper/text?doc=Perseus%3Atext%3A1999.01.0137%3Ahymn%3D2〉（2021.7.24確認）

Plat, *Republic* 3.408a

〈http://www.perseus.tufts.edu/hopper/text?doc=Perseus%3Atext%3A1999.01.0167%3Abook%3D3%3Asection%3D408a〉（2021.7.24確認）

Plat, *Republic* 3.408b

〈http://www.perseus.tufts.edu/hopper/text?doc=Perseus%3Atext%3A1999.01.0167%3Abook%3D3%3Asection%3D408b〉（2021.7.24確認）

Ruberto de Nola, *Libre de doctrina per a ben servir, de tallar y del art de coch*

〈http://www.cervantesvirtual.com/obra-visor/libre-de-doctrina-per-a-ben-servir-de-tallar-y-del-art-de-coch--1/html/〉（2021.7.24確認）

van Dijk, Johannes J. A., Goetze, Albrecht & Hussey, Mary I.『イェール大学バビロニア・コレクション（YBC）8958、イェール・オリエンタル・シリーズ（YOS）バビロニア語・テクスト11,26』

〈https://cdli.ucla.edu/search/search_results.php?SearchMode=Text&ObjectID=P309744〉（2021.7.24確認）

図版出典一覧

ユニフォトプレス　p42, p90上, p118, p123, p129, p150, p163, p164, p188下, p213, p237, p243, p253

Bassianus Varius Heliogabalus, of De uitterste proef der standvastige liefde

〈https://books.google.co.jp/books/about/Bassianus_Varius_Heliogabalus_of_De_uitt.html?id=9n9YAAAAcAAJ&redir_esc=y〉　p47

Les Enseingnemenz qui enseingnent a apareillier toutes manières de viandes, Paris, vers 1304-1314 Paris, BnF, Département des manuscrits, Latin 7131 fol. 99v

〈http://expositions.bnf.fr/gastro/grands/163.htm〉　p66

St. Gallen, Stiftsbibliothek, Cod. Sang. 762 : Manuscript compilation; Anthimus, De observatione ciborum

〈https://www.omnia.ie/index.php?navigation_function=2&navigation_item=%2F9200211%2Fdoi_10_5076_e_codices_csg_0762〉　p68

Barthélémy l'Anglais, Livre des propriétés des choses, 15th century.　— Paris, Bibliothèque nationale, Département des manuscrits; France 9140, folio 193

〈https://gallica.bnf.fr/ark:/12148/btv1b10532588f/f399.item〉　p90下

Barkan Ömer Lütfü (1979) İstanbul Saraylarına Ait Muhasebe Defterleri (Accounting Books of Istanbul Palaces). Belgeler Türk Tarih Belgeleri Dergisi (Documents Turkish Journal of Historical Documents) 9 (13): 1-380.

〈https://belgeler.gov.tr/tam-metin-pdf/87/tur〉　p103

(1494) De insulis nuper in mari Indico repertis. , 1494. [Photograph] Retrieved from the Library of Congress, https://www.loc.gov/item/2001695738/.　P108

The Herball or Generall Historie of Plantes (1597)

〈http://www.biolib.de/gerarde/high/IMG_0890.html〉　p114左

〈http://www.biolib.de/gerarde/high/DSC_4198.html〉　p114右

Robert de Nola "Llibre del Coch"

〈https://cupdf.com/document/ruperto-de-nola-llivre-de-coch.html〉　p128

La Muse de Cour dédiée à Monseigneur le Dauphin Subligny, Adrien-Thomas Perdou de (1636-1696).

〈https://gallica.bnf.fr/ark:/12148/bpt6k1519114t/f2.item〉　p142

Le opere di Galileo Galilei : edizione nazionale sotto gli auspicii di sua maesta il re d'Italia. Vol. 12 Galilei, Galileo (1564-1642).

〈https://gallica.bnf.fr/ark:/12148/bpt6k94911x/f348.item.texteImage〉　p146

Le cuisinier françois. La Varenne (1618-1678).

〈https://gallica.bnf.fr/ark:/12148/bpt6k114423k.texteImage〉　p152

Nicolas Appert, l'inventeur de la conserve / Rosemonde Pujol Pujol, Rosemonde (1917-2009).

〈https://gallica.bnf.fr/ark:/12148/bpt6k3396037p?rk=21459;2〉　p188左上

LE LIVRE DE TOUS LES ME´NAGES, OU L'ART DE CONSERVER, PENDANT PLUSIEURS ANNE´ES TOUTES LES SUBSTANCES ANIMALES ET VE´GE´TALES (1810).

〈https://gallica.bnf.fr/ark:/12148/bpt6k202755q.pdf〉　p188右上

Die Wiener Köchin wie sie seyn soll, oder mein eigenes durch dreyßig Jahre geprüftes Kochbuch in sechs Anteilungen. (1822).

〈https://books.google.co.jp/books?id=fk5ZAAAAcAAJ&pg=PP7&hl=ja&source=gbs_selected_pages&cad=2#v=onepage&q&f=false〉　p190

Mrs Beeton's Book of Household Management (1907).

〈https://en.wikisource.org/wiki/Page:Mrs_Beeton%27s_Book_of_Household_Management.djvu/11〉　p194

Einstein at Home

〈https://www.bookdepository.com/Einstein-at-Home-Friedrich-Herneck/9781633881464〉　p211

大英博物館© The Trustees of the British Museum　p229

現代によみがえる！

「文献のなかの料理」再現レシピ

　歴史上にはさまざまな文献がありますが、そのなかには料理の作り方について記した内容も数多く残されています。そのたくさんの史料のなかから、今回は25品現代に再現したレシピを紹介します。
　ぜひ実際に作ってみて、当時の時代や人物たちの気持ちに思いを馳せながら堪能してください！

キュケオーン

Kykeon

古代ギリシアの神話などに登場する、古代ギリシア風の大麦粥。作り方は文献によって様々ですが、今回はその中から2パターンをご紹介。

ホメロスのキュケオーン

材料 (4人分)

- 赤ワイン…220mL
  (ブドウジュースでも可)
- 大麦粉…100g
- シェーブルチーズ…50g
  (山羊乳のチーズ)
- ハチミツ…小さじ1

つくり方

1 赤ワインを鍋に入れ、弱火で10分煮込んでアルコールを飛ばす。
  (ブドウジュースで作る場合は、温めておきます。)

2 あら熱を取った1をボウルに入れて、すりおろしたシェーブルチーズ、大麦粉を加え、泡立て器で粘り気が出るまでかき混ぜる。

3 器に盛り、ハチミツとシェーブルチーズをふりかけて完成。

デメテルのキュケオーン

材料 (4人分)

- 大麦粉…100g
- ミント…1枝
- 水…250mL

つくり方

1 大麦粉に水を加えて泡立て器でよくかき混ぜる。

2 器に盛り、ミントを載せる。

3 そのまま神に捧げて完成。

κυκεών

グツェールルグド・ダヒムツウ ～第1章より～

GU₄ ṣēlu LUGÚD.DA ḫimṣu

雄牛肉と肋と脂身。古代メソポタミア流牛の串焼きです。

材料 (4人分)

- 牛肉(塊)…1kg
- 牛のあばら骨…80g
- 脂身もしくは牛脂…10g

【ソース】

★┌ ●赤ワインビネガー…30mL
  └ ●ニンニク…1片

つくり方

1 牛肉に鉄串を刺し、肉の表面に脂身(もしくは牛脂)を塗りながら網の上などに乗せて回し、直火で2時間かけて全体を焼き上げる。(大変な場合はオーブンを使ってもよい)

2 牛のあばら骨も焦げ目が付くくらいしっかり焼き上げる。

3 皿にあばら骨を組むように盛り付け、その上に1の牛肉を載せる。

4 赤ワインビネガーとすりおろしたニンニクを混ぜ合わせた★をかけて完成。

No. -330 (BM 36761) Obv.

No. -330 (BM 36761) Rev.

レシピが書かれている『バビロン天文日誌』の粘土板
@The Trustees of British Museum

アリア・パティーナ・デ・アスパラギース

〜第1章より〜
Alia patina de asparagis

アスパラガスの卵とじ

材料 (4人分)

- アスパラガス…12本
- コショウ…小さじ1/2
- ラベッジ…小さじ1/2
- パクチー…10g
- セイボリー…小さじ1/4
- オリーブオイル…大さじ2
- タマネギ…1/2個
- 白ワイン…100mL
- チキンスープストック…100mL
- 卵…3個

つくり方

1 アスパラガスを3つにカットし、穂先側1/3を水につけておく。

2 アスパラガスの根元側2/3とコショウ、ラベッジ、パクチー、セイボリーをミキサーにかける。

3 フライパンにオリーブオイルを引いて、みじん切りにしたタマネギを弱火で5分炒め、白ワインとチキンスープストックを加えてさらに弱火で5分煮て水分を飛ばす。

4 耐熱皿に**2**と**3**を入れて混ぜ合わせ、その上から溶いた卵を流し込む。

5 **4**の上に**1**のアスパラガスを均等に並べ、180℃のオーブンで30分焼いて完成。

ポッロース・マートゥーロース・フィエーリ ～第2章より～
Porros maturos fieri

ネロの美声式ポロネギのオリーブオイルがけ

材料 (4人分)

- ●ポロネギ…1本
- ●塩…小さじ1
- ●オリーブオイル…小さじ2

つくり方

1 ポロネギを2cmの長さに輪切りする。

2 水にオリーブオイル小さじ1と塩を入れて沸騰させ、ポロネギを入れて弱火で15分煮る。

3 取り出したポロネギを皿に盛り、オリーブオイルを小さじ1かけて完成。

プッルス・ワルダーヌス

~第2章より~
Pullus Vardanus

皇帝ヘリオガバルス風鳥肉煮込み

材料 (4人分)

- 鶏肉…200g
- ポロネギ…1/2本
- コリアンダー…15g
- セイボリー…小さじ1
- 魚醤…大さじ1
- オリーブオイル…大さじ1
- 白ワイン…50mL
- コショウ…小さじ1
- 松の実…10g
- 卵白…1個
- 牛乳…100mL

つくり方

1 鶏肉を1口大に切って鍋へ入れ、鶏肉が浸るくらいの水と、ポロネギ、コリアンダー、セイボリー、魚醤、オリーブオイル、白ワインを入れて弱火で20分煮る。

2 鶏肉とポロネギを鍋から取り出して皿に盛り、残った煮汁にコショウと刻んだ松の実、溶いた卵白、牛乳を入れて10分煮込む。

3 皿に盛った鶏肉とポロネギに**2**のソースをかけて完成。

ロスト・アンブロシエ

～第3章より～
Rost embrochié

鶏の串焼き

材料 (4人分)

- 鶏肉…150g

【ソース】
- 赤ワイン…15mL
- ショウガ…小さじ1/4
- コショウ…小さじ1/2
- クローブ…小さじ1/4
- シナモン…小さじ1/4
- 塩…小さじ1/2

つくり方

1 赤ワインを鍋で煮立ててアルコールを飛ばし、ショウガ、コショウ、クローブ、シナモン、塩を加えて混ぜ合わせる。

2 鶏肉を1口大に切って鉄串に刺し、肉汁が落ちるまで素焼きする。（目安10分）

3 肉の表面に**1**のソースを塗って、表面が軽く焦げる程度に焼いて完成。

カルニブス

〜第3章より〜
Carnibus

ビザンツ風山羊肉煮込み

材料 (4人分)

- 山羊肉…250g
- 赤ワインビネガー…100mL
- ニンニク…大さじ1
- ニラ…40g(2束)
- タマネギ…小1個
- ネギ…1本
- セロリシード…小さじ1
- フェンネル…小さじ1
- クローブ…1つまみ
- コショウ…大さじ1
- ミント…3g
- ハチミツ…50mL
- 赤ワイン…小さじ1
- バルサミコ酢…小さじ1
- ガルム…小さじ1
- オリーブオイル　小さじ1

つくり方

1 山羊肉を1口大に切り、肉が浸るくらいの水を沸騰させた鍋に入れて、赤みがなくなるまで煮る。

2 肉だけを取り出し、煮汁に赤ワインビネガー、ニンニク、刻んだニラやタマネギ、乱切りにしたネギ、セロリシード、フェンネル、クローブ、コショウ、ちぎったミントを入れて煮込む。

3 1の山羊肉を2に戻し入れ、ハチミツ、赤ワイン、バルサミコ酢を入れて、5分煮込んで赤ワインのアルコールを飛ばす。

4 肉と野菜を取り出して皿に盛り、ガルムとオリーブオイルをかけて完成。

ペリニャニ（ペリメニ）

ペリメニ：シベリア発肉入りダンプリング

材料 (60個分)

【皮】
- ●薄力粉…300g
- ●卵…1/2個
- ●ホエー…100mL
- ●バターミルク
  …50g
- ●塩…さじ1/2

【ナチンカ(具)】
- ●牛肉…100g
- ●豚肉…100g
- ●ラム肉…100g
- ●タマネギ…1個
- ●ニンニク…1片
- ●クローブ…小さじ1/4
- ●塩…小さじ1
- ●コショウ…適量

【その他】
- ●ローリエ…1枚
- ●バター…大さじ1
- ●サワークリーム
  …小さじ1
- ●パセリ…1つまみ

つくり方

1 【皮】の材料をすべてボウルに入れてこね、生地状になったら30分寝かす。

2 打ち粉を敷いて**1**をめん棒でなるべく薄く延ばし、直径8cmの円状に型を抜く。

3 ボウルにミンチにした牛肉、豚肉、ラム肉、刻んだタマネギ、ニンニク、クローブ、塩、コショウを入れてこねる。

4 **3**を**2**で包み、半月状に閉じて、皮の両端をつなげて帽子のような形に成形する。

5 鍋に湯を沸かし、適量の塩とローリエ、バターを加えて**4**を入れ、弱火で煮て**4**が浮き上がってきたら5分ゆでて湯を切って器に盛る。

6 サワークリームを載せてパセリを散らしたら完成。

ソモン・オ・ヴァン・ア・ラ・カムリーヌ ～第4章より～

Saumon au vin a la* cameline

鮭のワイン煮カムリーヌソース添え

今回は14世紀フランスの歴史書にもとづくカムリーヌソースレシピをご紹介。

材料 (4人分)

- ●鮭…200g
- ●鮭の骨…身から取れる分
- ●白ワイン…200mL
- ●塩…小さじ1

【カムリーヌソース】

- ●白ワインビネガー…30mL
- ●ヴェルジュ
  （以下の材料を混ぜたもの）
  - ▶ブドウジュース…100mL
  - ▶リンゴジュース…100mL
- ●ジンジャー粉…小さじ1/4
- ●シナモン粉…小さじ1/4
- ●コショウ…小さじ1/4
- ●パン…1枚

つくり方

1 鮭を1口大に切り、骨は取りのぞいて取っておく。

2 鍋に白ワインと塩を入れ、沸騰（ふっとう）したらサケを入れて弱火で10分煮込む。

3 白ワインビネガーとヴェルジュを鍋に入れ、フライパンで5分焼いた鮭の骨を入れて5分弱火で煮たら火から下ろし、ジンジャー粉、シナモン粉、コショウを加えてボウルに移す。

4 120℃のオーブンで20分間、両面を焼いたパンを砕いて、**3**に浸したらカムリーヌソースの完成。

5 **2**を器に盛って、**4**のカムリーヌソースをかけたら完成。

写本に描かれた聖杯と
円卓の騎士たち
Évrardd' Espinques画（1475年頃）

フルメンティ

中世ヨーロッパ粥^{がゆ}〜14世紀英国式〜

材料 (4人分)

- 鹿肉…50g
- 卵黄…1個
- アーモンドミルク…200mL
  （または牛乳）
- 薄力粉…200g
- 塩…小さじ1/2
- サフラン…1つまみ

つくり方

1 鹿肉を1口大に切って鍋に入れ、肉が浸るくらいの水を入れて火が通るまで煮込み、煮汁はとっておく。

2 別の鍋で水400mLを沸騰させ、**1**の煮汁、卵黄、アーモンドミルク（もしくは牛乳）、薄力粉を加えたら弱火で15分煮込む。

3 塩をふりかけて味を調え、火を止めてサフランで色と風味をつける。

4 皿に盛って、**1**の肉を載せたら完成。

カサーベ

キャッサバ粉と小麦粉の無発酵パン

■材料 (4人分)

- キャッサバ粉…100g
- 薄力粉…100g
- 水…220mL
- 塩…小さじ1/2
- チリペッパー…小さじ1
  1つまみ(仕上げ用)

■つくり方

1 キャッサバ粉、薄力粉、塩に水220mlを少しずつ加えながら、耳たぶくらいの柔らかさの生地になるまでしっかりこねる。

2 生地を4等分して、それぞれをめん棒で平たく円状に延ばす。

3 延ばした生地をフライパンに載せ、中火で軽く焦げ目がつくくらい両面を焼いたら完成。

バクラヴァ

15世紀オスマン帝国風ペイストリー

材料 (4人分)

- 薄力粉…100g
- 卵…10g
- 塩…1つまみ
- アーモンド…20g
- 無塩バター…20g
- ハチミツ…100mL
- 砂糖…50mL

つくり方

1 ボウルに薄力粉、卵、塩、20mlの水を入れてこね、生地状になったら30分寝かせて生地を半分にする。

2 打ち粉を敷いて、**1**をめん棒で薄く延ばし、使う耐熱容器に合わせて大きさを調整し、6等分ずつに切る。

3 バターを耐熱容器の底と側面に塗り、薄く延ばした生地を1枚重ねるごとに溶かした無塩バターを塗りながら6枚重ねる。

4 みじん切りにしたアーモンドを**3**の上にかけ、その上に残り6枚の生地を間に無塩バターを塗りながら重ねる。

5 一番上の12枚目の生地の上にも無塩バターを塗り、上から菱形状に底まで切り込みを入れる。

6 200℃のオーブンで20分間、うっすら焦げめがつくまで焼き、皿に盛ってハチミツと砂糖を50mlの水で溶いたシロップをかけて完成。

パスティッチョ・ディ・カルチョーフィ ～第6章より～
Pasticcio di carciofi

アーティーチョークパイ

材料 (4人分)

- パイ生地…3枚
- アーティーチョークハーツ…200g
- 塩…小さじ1
- ブイヨン…1キューブ
- モッツァレラチーズ…100g
- パルメザンチーズ…15g
- ミント…1つまみ
- 砂糖…小さじ1/4
- コショウ…小さじ1/4
- クローブ…小さじ1/4
- シナモン…小さじ1/4
- ナツメグ…小さじ1/4

【ソース】
- ★ リンゴジュース…30mL
- ブドウジュース…30mL
- オレンジジュース…30mL
- バター…5g

つくり方

1 鍋に水200mlと塩、ブイヨンを入れて弱火で10分煮込んだアーティーチョークハーツをスライスする。

2 パイ皿にパイ生地2枚をずらして重ねる。

3 刻んだモッツァレラチーズとパルメザンチーズ、ちぎったミント、**1**のアーティーチョークハーツを**2**の上に敷きつめる。

4 砂糖、コショウ、クローブ、シナモン、ナツメグを**3**の上にまぶし、鍋でとろみが出るまで煮詰めた★をその上から注ぐ。

5 **4**の上にパイ生地を重ねて包み、200℃のオーブンで30分焼いて完成。

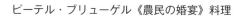

ブイイ・エン・フラーイ ～第6章より～

Brouillie en Vlaai

ピーテル・ブリューゲル《農民の婚宴》料理

材料 (4人分)

- セモリナ粉…100g
- オート麦…50g
- 塩…小さじ1
- ハチミツ…大さじ3
- 牛乳…500ml
- チキンスープストック…200mL
- 卵黄…2個
- バター…10g

つくり方

1 鍋にセモリナ粉と細かくしたオート麦、塩を入れ、水に10分浸す。

2 1にハチミツを入れて泡立て器でよくかき混ぜ、牛乳、チキンスープストックを徐々に注いで、泡立て器でさらにかき混ぜる。

3 2を弱火で煮ながら、泡立て器で常に混ぜる。空気穴ができ、底からプツッと気泡が上がってきたら火を止めて、卵黄を加えて混ぜる。

4 再び火にかけて泡立て器でかき混ぜ、新たに底からプツッと気泡が上がってきたら火を止め。

5 バターを加えてかき混ぜたら皿に盛って完成。

ピーテル・ブリューゲル《農民の婚宴》

かたむけてもこぼれない点も再現

アサド・デ・ハバリ・サルバヘ

~第6章より~
Asado de jabalí salvaje

猪のロースト

材料 (4人分)

- 猪肉…300g
- ベーコン…200g
- オリーブオイル…大さじ1
- タマネギ…1個
- 赤ワイン…200mL
- 赤ワインビネガー…10mL
- クローブ粉…小さじ1/4
- ジンジャー粉…小さじ1/4
- コリアンダー粉…小さじ1/4
- サフラン…1つまみ
- シナモン粉…小さじ1/4
- 塩…小さじ1

つくり方

1 猪肉とベーコンを3cm×10cmほどに切って、オリーブオイルを引いたフライパンで両面に焼き色がつくまで焼く。

2 別のフライパンに粗みじん切りにしたタマネギを入れて弱火で5分炒める。

3 2に赤ワイン、赤ワインビネガー、クローブ粉、ジンジャー粉、コリアンダー粉を入れて1分炒める。

4 3に1で焼いた猪肉を入れ、小さじ1の水で溶かしたサフラン、シナモン粉、塩を絡めてさらに炒め、サフランの香りが立ち上ってきたら火を止める。

5 皿に猪肉を盛り、その上にベーコンを盛り付けて完成。

カルパ・イン・カルピオーネ

～第7章より～
Carpa in carpione

近世イタリア風鯉のマリネ

材料 (4人分)

- 鯉…1匹(可食部で500gほど)
- 薄力粉…適量
- オリーブオイル…400mL
- ローリエ…5枝
- 塩…小さじ1
- 白ワインビネガー…大さじ2
- 白ワイン…小さじ2
- バルサミコ酢…小さじ1
- フェンネルシード…小さじ1/4
- コショウ…小さじ1
- サフラン…1つまみ

つくり方

1 ぶつ切りした鯉の両面に塩(分量表記外)をまぶし、3時間寝かせる。

2 水で鯉の塩を落とし、薄力粉を両面に薄くまぶす。

3 オリーブオイルで12分揚げる。

4 ローリエ、塩、白ワインビネガー、白ワイン、バルサミコ酢、フェンネルシード、コショウ、サフランを混ぜたものに揚げた鯉を1時間漬け込む。

5 皿に鯉を盛り付けて完成。

オリポドリゴ

17世紀オランダ風様々な肉のごった煮

材料 (4人分)

- ●鶏肉…100g
- ●ラム肉…100g
- ●牛肉…100g
- ●牛挽肉…100g
- ●ソーセージ…2本
- ●エンダイブ…50g
- ●コショウ…大さじ1
- ●メース…小さじ1
- ●ナツメグ…小さじ1
- ●卵黄…1個(肉団子用)
  2個(ソース用)
- ●ブドウジュース…100g
- ●バター…10g
- ●アスパラガス…4本
- ●アーティーチョークハーツ…50g
- ●固ゆで卵…1個
- ●堅焼きパン…1枚
- ●パセリ…1枝

つくり方

1 鶏肉、ラム肉、牛肉を1口大に切る。

2 牛挽肉と卵黄1個をこねて、肉団子を4個作る。

3 1と2とソーセージを鍋に入れ、肉が浸るくらいの水と、ちぎったエンダイブ、コショウ、メース、ナツメグを加えて弱火で40分煮込む。

4 その間に別の鍋で、つけ合わせのアスパラガスとアーティーチョークハーツを5分ゆでる。

5 3から肉とエンダイブを取り出して4を添えて皿に盛り、鍋に残った煮汁に卵黄2個とブドウジュース、バターを加えて15分煮込んでソースを作る。

6 堅焼きパンを砕いて、刻んだパセリ、みじん切りにした固ゆで卵と混ぜ合わせ、5のソースと一緒に皿に盛った肉にふりかけて完成。

アニョー・ロティ

羊のロースト　ニンニクソース添え

材料 (4人分)

- ●骨付き羊肉…4本
- ●塩…1つまみ

【ソース】
- ●タマネギ…1/2個
- ★●ニンニク…小さじ1
- ●ブイヨン…1キューブ

【調味粉】
- ▶パン…1枚
- ▶オリーブオイル…小さじ1
- ▶塩…1つまみ
- ▶パセリ…1つまみ

つくり方

1 骨付き羊肉の両面に塩をふりかけ、水分が出てきたら拭き取る。

2 フライパンにオリーブオイルを引いて、骨付き羊肉を中火で片面を4分間ずつ、両面とも焼き、羊肉を取り出す。

3 2のフライパンに刻んだタマネギ、ニンニクを入れて弱火で3分間炒め、水300mlと合わせたブイヨンを加えて弱火でさらに10分煮込み、ソースを作る。

4 110℃のオーブンで15分焼いたパンを細かく砕き、塩と刻んだパセリと合わせて調味粉を作る。

5 2を皿に盛り、3と4を肉の上にふりかけて完成。

ポレンタ・アラ・フェデリカーナ

~第8章より~

Polenta alla federicana

フリードリヒ大王直伝ポレンタ

材 料 (4人分)

- ●コーンミール…200g
- ●ブルグル…100g
- ●塩…大さじ1
- ●ニンニク…大さじ1
- ●バター…30g
- ●パルメザンチーズ…50g

【ソース】

- ●チリペッパー…小さじ1
- ●水…30ml

つくり方

1 鍋に水1.2Lを入れて沸騰させ、コーンミール、ブルグル、塩を入れたら木べらでかき混ぜながら弱火で30分煮込む。

2 すりおろしたニンニク、バター、パルメザンチーズを加え、10分煮込んだら器に盛り、チリペッパーと水を混ぜたソースをかけて完成。

シチー

ピョートル1世ロシア風キャベツのスープ

材料 (4人分)

- 牛肉…300g
- キャベツ…3枚
- ニンジン…1/4本
- ジャガイモ…1個
- タマネギ…1/2個
- ハム…100g
- マッシュルーム…1個
- ディル…小さじ1
- バター…20g
- オリーブオイル…適量
- 薄力粉…大さじ2
- 砂糖…大さじ1
- 白ワインビネガー…大さじ2
- サワークリーム…お好みで
- 塩…適量
- コショウ…適量

つくり方

1 鍋に牛肉と1.5Lの水を入れて煮立て、アクを取りながら弱火で30分煮込む。

2 細切りにしたジャガイモ、千切りにしたニンジンとキャベツ、短冊切りにしたハム、スライスしたマッシュルームを鍋に入れ、ディルを加えてさらに煮る。

3 フライパンにバターとオリーブオイルを引いて、スライスしたタマネギを炒め、しんなりしたら薄力粉、砂糖、白ワインビネガーを加えてアルコールが飛ぶまでさらに炒める。

4 **3**を**2**の鍋に入れ、サワークリームを加えて弱火で10分煮込む。

5 火を止めて塩、コショウで味を調え、器に盛ってサワークリームとディルを載せたら完成。

サラド・デ・ポワ・アペルティゼ ～第9章より～
Salade des pois appertisés

19世紀風保存をもとにした豆のサラダ

材料 (4人分)

- グリーンピース…50g
- 白インゲン豆…50g
- 赤インゲン豆…50g
- レンズ豆…50g
- バター…20g
- パセリ…1枝
- チャイブ…15g
- 薄力粉…小さじ1
- 塩…小さじ1
- コショウ…小さじ1
- 粉砂糖…大さじ1

※豆類は、水煮または乾物を戻して
使用する。

つくり方

1 鍋に4種類の豆とバター10gを入れ、弱火で10分炒める。
※乾燥している豆を使う場合は，事前に30分水につけて戻しておく。

2 刻んだパセリとチャイブ、豆が浸るくらいの水を加え、少しずつ薄力粉を入れながら水分が飛ぶまで煮込む。

3 追加でバター10gと粉砂糖を入れながら、弱火で3分炒めたら皿に盛って完成。

アルンシュタイニシャー・シール

~第9章より~
Arnstein'scher Schiel

スズキとジャガイモのオーブン焼き

材料 (4人分)

- グリーンパセリ…1枝
- タマネギ…1/2個
- ニンニク…1片
- スズキの切り身…4枚
- コショウ…小さじ1
- メース…小さじ1
- アンチョビ…10g
- バター…10g
- ジャガイモ…2個

【ミルクソース】
- 牛乳…50ml
- 生クリーム…30ml

つくり方

1 スズキの切り身の両面に塩（分量外）をまぶし、コショウ、メースをかける。

2 耐熱容器にバターを塗って、切り込みを入れたスズキと、みじん切りにしたパセリ、タマネギ、ニンニク、アンチョビを入れる。

3 ジャガイモを皮ごとやわらかくなるまでゆでて、皮をむき、輪切りにして**2**の上に並べて載せる。

4 牛乳と生クリームを混ぜたミルクソースを**3**に注ぎ、180℃で40分オーブンにかけて完成。

マトンのカレー煮

~第9章より~
Mutton curry

白銀号事件に描かれたカレー

材料 (4人分)

- マトン…200g
- バター…20g
- 薄力粉…大さじ1
- カレー粉…大さじ1
- タマネギ…1個
- リンゴ…1個
- コンソメ…500ml
- レモン果汁…10ml
- 塩…小さじ1
- ごはん…お好みで

つくり方

1 フライパンにバターを引き、刻んだタマネギをあめ色になるまで強火で炒める。

2 1に薄力粉、カレー粉を加え、さらに5分弱火で炒める。

3 ざく切りにしたリンゴとコンソメを入れて10分弱火で煮込む。

4 レモン果汁を加えて味を調えながら、一口大に切ったマトンを入れてさらに20分煮込む。

5 皿にごはんを盛り、4をかけて完成。

カレーを使ったトリックが
描かれている
アーサー・コナン・ドイルの
『白銀号事件』(1892年) より、
シドニー・パジェットによる
イラスト

エルドベーアシュネー・ミット・シュラークザーネ
Erdbeerschnee mit Schlagsahne

～第10章より～

イチゴの泡雪、ホイップクリームを添えて

材料 (4人分)

- イチゴ…200g

【メレンゲ】
- ▶卵白…2個
- ▶グラニュー糖…50g
- ▶イチゴ…50g

【ホイップクリーム】
- 生クリーム…200mL
- ★グラニュー糖…大さじ1
- イチゴ…50g

つくり方

1 ボウルに卵白を入れ、グラニュー糖を3回に分けて少しずつ加えながらハンドミキサーでツノが立つまでひたすらかき混ぜ、メレンゲ状になったら、みじん切りにして水分を切ったイチゴ50gを入れて全体にイチゴの色がなじむように混ぜ合わせる。

2 しぼり出し袋に**1**を入れて、天板の上に敷いたクッキングシートの上に10円玉ほどの大きさになるよう絞り出し、100℃のオーブンで60分焼く。

3 別のボウルに生クリームとグラニュー糖を入れて泡立て、ツノが立つまでかき混ぜて、つぶしたイチゴ50gを入れて混ぜる。

4 **3**にイチゴと**2**を入れてやさしく混ぜ合わせ、皿に盛りつけて完成。

ブリヌイ

～第10章より～
Blini

20世紀ロシア風パンケーキ

材料 (4人分)

- 強力粉…200g
- 塩…小さじ1/2
- ベーキングパウダー…小さじ1/2
- 牛乳…200ml
- 卵…1個
- 無塩バター…大さじ1
- レモン汁…小さじ2
- バター…大さじ1
- 生クリーム…25ml
- ヨーグルト…25g
- キャビア…適量

つくり方

1 ボウルに強力粉、塩、ベーキングパウダー、牛乳、卵、無塩バター、レモン汁を入れてよくかき混ぜ、生地を作る。

2 フライパンにバターを引いて、直径5cmの円状になるように生地を置き、中火で両面がきつね色になるまで焼く。

3 生クリームとヨーグルトを泡立て器でかき混ぜ、サワークリームを作る。

4 焼いた生地を皿に盛り、その上にサワークリームとキャビアを乗せて完成。

著者紹介

遠藤雅司（音食紀行）　えんどうまさし（おんしょくきこう）

歴史料理研究家。世界各国の歴史料理を再現するプロジェクト「音食紀行」主宰。
著書に『歴メシ! 世界の歴史料理をおいしく食べる』(柏書房 2017)、『英雄たちの食卓』(宝島社 2018)、『宮廷楽長サリエーリのお菓子な食卓—時空を超えて味わうオペラ飯』(春秋社 2019)、『古代メソポタミア飯』(大和書房 2020)がある。
また、漫画「Fate/Grand Order 英霊食聞録」で食文化と料理を監修。
株式会社 明治の食育サイト「偉人の好物」にて監修を担当。
■音食紀行公式サイト　http://onshokukiko.com/wpd1/

【監修者】
月本昭男　　　　古代オリエント博物館館長／上智大学特任教授　〔第1章 アッカド語〕
増井洋介　　　　東洋大学大学院博士前期課程修了　〔第1〜8章〕
小堀馨子　　　　帝京科学大学総合教育センター准教授　〔第1〜3章〕
根本豪　　　　　ユダヤ学者　〔第3章 イエスの食事〕
コンスタンティノープルからの使者
　　　　　　　　WEBサイト『ビザンティン帝国同好会』(http://www.byzantine-club-jp.org/wp/)
　　　　　　　　管理人　〔第3章〕
澁澤(寺村)りべか　『史近距離』主宰／高校世界史講師〔第3〜10章〕
白沢達生　　　　翻訳・音楽評論　〔第4〜10章 史料翻訳〕
繻鳳花　　　　　コストマリー事務局主宰／中世西欧史民俗・料理研究家　〔第4・5章〕
中西正紀　　　　株式会社古今東西社代表取締役社長　〔第4・8・10章 ロシア関連項目〕
関根敏子　　　　音楽学者（フランス音楽史、フランス・バロック音楽）〔第7・8章〕

【料理撮影】Photographer yOU（河﨑夕子）　http://www.youk-photo.com
【Special Thanks】沖本由紀美（茶室 ぽん）　https://www.bon-the.com/
　　　　　　　　canorum　https://canorum.net/
【カバーイラスト】亀　　【編集協力】林郁子　　【組版】株式会社 明昌堂

食で読むヨーロッパ史2500年

2021年8月20日　第1版第1刷　印刷
2021年8月30日　第1版第1刷　発行

著者　　遠藤雅司（音食紀行）
発行者　　野澤武史

発行所　　株式会社 山川出版社
〒101-0047　東京都千代田区内神田1-13-13
電話　03(3293)8131(営業)　03(3293)1802(編集)
https://www.yamakawa.co.jp/
振替 00120-9-43993

印刷所　　半七写真印刷工業株式会社
製本所　　株式会社ブロケード
装幀　グラフ